清代雄安职官年表 3

魏国栋　梁松涛　编

YSP

北京燕山出版社

第三册

清代霸州职官年表

职官	人名	籍贯	出身	出处及在职时间
知州	祖廷泰	奉天人	进士	《民国霸县新志》顺治初年
吏目	王开之	绍兴人		《康熙霸州志》顺治元年
兵备副使	刘芳久	贵州人	举人	《康熙霸州志》顺治元年
知州	朱议口	江西南昌人		《康熙霸州志》顺治元年
知州	王瑞	山东人		《康熙霸州志》顺治二年
知州	孙茂兰	辽东辽阳人		《康熙霸州志》顺治二年
知州	张民望	山东文水任	监生	《康熙霸州志》顺治三年
知州	崔冠玉	山东人	举人	《康熙霸州志》顺治三年
兵备副使	李日芃	旗下籍		《康熙霸州志》顺治三年

职官	人名	籍贯	出身	出处及在职时间
兵备副使	张儒秀	辽东广宁人		《康熙霸州志》顺治三年
知州	田来凰	辽东辽阳人	进士	《康熙霸州志》顺治四年
兵备副使	刘有道	旗下籍		《康熙霸州志》顺治四年
兵备副使	林起凰	旗下籍		《康熙霸州志》顺治五年
兵备副使	于燮龙	辽东铁岭卫人		《康熙霸州志》顺治六年
知州	王来骋	满洲人	举人	《康熙霸州志》顺治七年
知州	祖廷泰	奉天人	进士	《民国霸县新志》顺治八年
知州	沈朝骋	奉天人	进士	《民国霸县新志》顺治八年
判官	傅一骥	浙江人		《康熙霸州志》顺治九年

职官	人名	籍贯	出身	出处及在职时间
判官	王有仁	镶红旗		《康熙霸州志》顺治九年
兵备副使	张锦	山西人	举人	《康熙霸州志》顺志十年
知州	王度	山西沁水人		《康熙霸州志》顺志十年
吏目	杨腾秀	陕西人		《民国霸县新志》《康熙霸州志》顺治十一年

备注：民国二十年《霸县新志》载其为籍贯陕西华州人。

职官	人名	籍贯	出身	出处及在职时间
知州	洪振	江南建德人		《康熙霸州志》顺治十一年
兵备副使	范周	江南人	进士	《康熙霸州志》顺治十二年
知州	程万仞	辽东锦州人		《康熙霸州志》顺治十三年
兵备副使	赵维翰	江南人	进士	《康熙霸州志》顺治十三年

职官	人名	籍贯	出身	出处及在职时间
判官	王国栋	镶黄旗		《康熙霸州志》顺治十四年
兵备副使	朱国治	辽东人		《康熙霸州志》顺治十四年
兵备副使	傅梦□	旗下籍		《民国霸县新志》《康熙霸州志》顺治十六年
备注：民国二十年《霸县新志》载其为顺治十五年任。				
兵备副使	安世鼎	辽东人		《民国霸县新志》顺治十七年
知州	胡献瑶	辽东金州卫人		《康熙霸州志》顺治十八年
吏目	沈璨	绍兴人		《康熙霸州志》顺治年间
吏目	沈化龙	绍兴人		《康熙霸州志》顺治年间
游击	祖泽厚	辽东人		《康熙霸州志》顺治年间

职官	人名	籍贯	出身	出处及在职时间
游击	韩良佐	永平府抚宁卫人		《康熙霸州志》顺治年间
判官	蔡学颐			《民国霸县新志》顺治年间
判官	章匡时	浙江会稽人		《康熙霸州志》顺治年间
判官	周殿俊	陕西人		《康熙霸州志》康熙元年
吏目	马 盛	浙江会稽人		《康熙霸州志》康熙三年
游击	刘觐朝	河南夏邑人		《康熙霸州志》康熙三年
知州	王之琦			《民国霸县新志》康熙五年
判官	卫既济	山西人	翰林院检讨	《民国霸县新志》康熙六年
吏目	余 素	浙江绍兴人		《康熙霸州志》康熙七年

职官	人名	籍贯	出身	出处及在职时间
判官	高荣	镶黄旗		《康熙霸州志》康熙七年
知州	彭始骞	河南人		《康熙霸州志》康熙七年
知州	朱廷梅	辽东广宁人		《康熙霸州志》康熙九年
兵备副使	许兆麟	辽东人	进士	《民国霸县新志》康熙年间
知州	吴鑑			清文献通考康熙年间
知州	郭允文	山东黄县人		《民国霸县新志》雍正四年
千总	张彦	山西人	行伍	《爵秩新本》《中枢备览》雍正四年夏
把总	韩用暄	直隶人	行伍	《爵秩新本》《中枢备览》雍正四年夏
把总	刘维勇	直隶人	行伍	《爵秩新本》《中枢备览》雍正四年夏

职官	人名	籍贯	出身	出处及在职时间
游击	陈自伦			《宫中档案全宗》雍正年间
知州	韩国瓒	广宁人	举人	《民国霸县新志》乾隆五年
淀河州同	冯一诚		监生	《缙绅新书》乾隆十三年春
州判驻三角淀	朱云林	江西人	举人	《缙绅新书》乾隆十三年春
州判	刘永清	镶白旗人	监生	《缙绅新书》乾隆十三年春
学正	魏良秀	宁远人	举人	《缙绅新书》乾隆十三年春
复设训导	乘君硌	铁岭人	岁贡	《缙绅新书》乾隆十三年春
清河吏目	金燃	浙江人	监生	《缙绅新书》乾隆十三年春
吏目	齐日颖	贵州安顺人	岁贡	《缙绅新书》乾隆十三年春

职官	人名	籍贯	出身	出处及在职时间
知州	狄泳簏	江苏人		《缙绅新书》乾隆二十五年冬
州同驻三角淀	范绍文	浙江石门人		《缙绅新书》乾隆二十五年冬
州判	朱崇诰	山东历城人	监生	《缙绅新书》乾隆二十五年冬
州判驻三角淀	张法曾	直隶人	监生	《缙绅新书》乾隆二十五年冬
定河州判	冯廷骏	江苏人	监生	《缙绅新书》乾隆二十五年冬
学正	郭数仞	隆平人	举人	《缙绅新书》乾隆二十五年冬
复设训导	陈宗文	肥乡人	岁贡	《缙绅新书》乾隆二十五年冬
清河吏目	王梓	浙江山阴人	监生	《缙绅新书》乾隆二十五年冬
清河吏目	胡怡	山东菏泽人	例监	《民国霸县新志》《缙绅新书》乾隆二十五年冬

职官	人名	籍贯	出身	出处及在职时间
知州	狄泳簏	江苏人		《缙绅全本》乾隆二十六年秋
州同驻三角淀	范绍文	浙江石门人		《缙绅全本》乾隆二十六年秋
州判	朱崇诰	山东历城人	监生	《缙绅全本》乾隆二十六年秋
州判驻三角淀	张法曾	直隶人	监生	《缙绅全本》乾隆二十六年秋
定河州判	冯廷骏	江苏人	监生	《缙绅全本》乾隆二十六年秋
学正	郭数仞	隆平人	举人	《缙绅全本》乾隆二十六年秋
复设训导	陈宗文	肥乡人	岁贡	《缙绅全本》乾隆二十六年秋
清河吏目	王梓	浙江山阴人	监生	《缙绅全本》乾隆二十六年秋
清河吏目	胡怡	山东菏泽人	例监	《缙绅全本》乾隆二十六年秋

职官	人名	籍贯	出身	出处及在职时间
知州加一级	吴龙光	浙江钱塘人	举人	《缙绅全书》乾隆三十年春
州同驻三角淀	张壬仕	湖北汉阳人	监生	《缙绅全书》乾隆三十年春
州判	朱崇诰	山东历城人	监生	《缙绅全书》乾隆三十年春
州判驻三角淀	张法曾	直隶人	监生	《缙绅全书》乾隆三十年春
定河州判	方典	安徽人	拔贡	《缙绅全书》乾隆三十年春
学正	郭数仞	隆平人	举人	《缙绅全书》乾隆三十年春
复设训导	麻正	望都人	廪贡	《缙绅全书》乾隆三十年春
县丞管清河吏目	汪廷枢	江苏人	监生	《缙绅全书》乾隆三十年春
吏目	胡怡	山东菏泽人	例监	《缙绅全书》乾隆三十年春

职官	人名	籍贯	出身	出处及在职时间
知州加一级	吴龙光	浙江钱塘人	举人	《爵秩全本》乾隆三十年冬
州同驻三角淀	张壬仕	湖北汉阳人	监生	《爵秩全本》乾隆三十年冬
州判	朱崇诰	山东历城人	监生	《爵秩全本》乾隆三十年冬
州判驻三角淀	张法曾	直隶人	监生	《爵秩全本》乾隆三十年冬
定河州判	方典	安徽人	拔贡	《爵秩全本》乾隆三十年冬
学正	郭数仞	隆平人	举人	《爵秩全本》乾隆三十年冬
复设训导	麻正	望都人	廪贡	《爵秩全本》乾隆三十年冬
县丞管清河吏目	汪廷枢	江苏人	监生	《爵秩全本》乾隆三十年冬
吏目	胡怡	山东菏泽人	例监	《爵秩全本》乾隆三十年冬

职官	人名	籍贯	出身	出处及在职时间
知州加一级	李汝琬	山西咸宁人	贡生	《爵秩全本》乾隆三十三年秋
州同驻三角淀	张壬仕	湖北汉阳人	监生	《爵秩全本》乾隆三十三年秋
州判		江苏常州人	监生	《爵秩全本》乾隆三十三年秋
州判驻三角淀		直隶景州人	监生	《爵秩全本》乾隆三十三年秋
知县管淀河州判事	熊严	江西新昌人		《爵秩全本》乾隆三十三年秋
学正	郭数仞	隆平人	举人	《爵秩全本》乾隆三十三年秋
复设训导	麻正	望都人	廪贡	《爵秩全本》乾隆三十三年秋
清河吏目	张习	山西汾阳人	监生	《爵秩全本》乾隆三十三年秋
县丞管吏目事	高自升	安徽贵池人		《爵秩全本》乾隆三十三年秋

职官	人名	籍贯	出身	出处及在职时间
知州加一级	张元济	山西人	贡生	《缙绅全书》《中枢备览》乾隆四十二年秋
州同驻三角淀	张珸	直隶人	监生	《缙绅全书》《中枢备览》乾隆四十二年秋
管河州判	方鹤乐	安徽人		《缙绅全书》《中枢备览》乾隆四十二年秋
州判驻三角淀	沈鹤源	浙江人	监生	《缙绅全书》《中枢备览》乾隆四十二年秋
淀河州判	曾成勋	湖南人	贡生	《缙绅全书》《中枢备览》乾隆四十二年秋
学正	王鸣岐	东鹿人	举人	《缙绅全书》《中枢备览》乾隆四十二年秋
复设训导	闫大有	锦县人	岁贡	《缙绅全书》《中枢备览》乾隆四十二年秋
清河吏目	殷长经	山东人	贡生	《缙绅全书》《中枢备览》乾隆四十二年秋
知州加一级	戴治	四川中江人		《缙绅全书》《中枢备览》乾隆五十三年春

职官	人名	籍贯	出身	出处及在职时间
州判驻三角淀	归恩燕	江苏常熟人	保举	《缙绅全书》《中枢备览》乾隆五十三年春
管河州判	王象恒	浙江钱塘人	监生	《缙绅全书》《中枢备览》乾隆五十三年春
州判驻三角淀	郑 重	浙江余姚人		《缙绅全书》《中枢备览》乾隆五十三年春
淀河州判	金闻洽	江苏人	监生	《缙绅全书》《中枢备览》乾隆五十三年春
学正	陆 迈	清苑人	举人	《缙绅全书》《中枢备览》乾隆五十三年春
复设训导	王顾網	怀安人	岁贡	《缙绅全书》《中枢备览》乾隆五十三年春
清河吏目	许长恒	安徽人	监生	《缙绅全书》《中枢备览》乾隆五十三年春
吏目	赵星喜	四川资阳人	贡生	《缙绅全书》《中枢备览》乾隆五十三年春
守尉	孙 塔			《内阁全宗》乾隆年间

职官	人名	籍贯	出身	出处及在职时间
知州	王安			《民国霸县新志》乾隆年间
知州	逯选	山东长青人	副榜	《民国霸县新志》乾隆年间
知州	刘坤	湖北人	副榜	《民国霸县新志》乾隆年间
知州	王鸿誉			《内阁全宗》乾隆年间
知州	朱一蜚			赈纪（乾隆刻本）乾隆年间
知州	王道亨			《宫中档案全宗》乾隆年间
知州	王安			《宫中档案全宗》乾隆年间
知州	德克精额			《宫中档案全宗》乾隆年间
知州	冯履泰			《宫中档案全宗》乾隆年间

职官	人名	籍贯	出身	出处及在职时间
知州加一级	顾宾臣	江苏人	监生	《缙绅全书》嘉庆元年春
管河州判	李逢亭	陕西平利人	岁贡	《缙绅全书》嘉庆元年春
淀河州判	李培林	山西介休人	监生	《缙绅全书》嘉庆元年春
州同驻三角淀		安徽桐城人	监生	《缙绅全书》嘉庆元年春
州判驻三角淀	李光绪	江苏沛县人	监生	《缙绅全书》嘉庆元年春
学正	冯隆盛	天津人	举人	《缙绅全书》嘉庆元年春
复设训导	刘宇文	平乡人	岁贡	《缙绅全书》嘉庆元年春
清河吏目	屈邦基	江苏常熟人	监生	《缙绅全书》嘉庆元年春
吏目	刘如梧	山西太平人	监生	《缙绅全书》嘉庆元年春

职官	人名	籍贯	出身	出处及在职时间
知州加一级	顾宾臣	江苏人	监生	《缙绅全书》嘉庆二年冬
管河州判	李逢亭	陕西平利人	岁贡	《缙绅全书》嘉庆二年冬
淀河州判	李培林	山西介休人	监生	《缙绅全书》嘉庆二年冬
州同驻三角淀	王象恒	浙江钱塘人	监生	《缙绅全书》嘉庆二年冬
州判驻三角淀	李光绪	江苏沛县人	监生	《缙绅全书》嘉庆二年冬
学正	冯隆盛	天津人	举人	《缙绅全书》嘉庆二年冬
复设训导	刘宇文	平乡人	岁贡	《缙绅全书》嘉庆二年冬
清河吏目	陈 伯	河南西平人	监生	《缙绅全书》嘉庆二年冬
吏目	刘如梧	山西太平人	监生	《缙绅全书》嘉庆二年冬

职官	人名	籍贯	出身	出处及在职时间
知州加一级	顾宾臣	江苏人	监生	《缙绅全书》嘉庆三年秋
管河州判	李逢亭	陕西平利人	岁贡	《缙绅全书》嘉庆三年秋
淀河州判	李培林	山西介休人	监生	《缙绅全书》嘉庆三年秋
复设训导	王克昺	河间人	举人	《缙绅全书》嘉庆三年秋
州同驻三角淀	王象恒	浙江钱塘人	监生	《缙绅全书》嘉庆三年秋
州判驻三角淀	李光绪	江苏沛县人	监生	《缙绅全书》嘉庆三年秋
学正	冯隆盛	天津人	举人	《缙绅全书》嘉庆三年秋
清河吏目	陈伯	河南西平人	监生	《缙绅全书》嘉庆三年秋
吏目	刘如梧	山西太平人	监生	《缙绅全书》嘉庆三年秋

职官	人名	籍贯	出身	出处及在职时间
知州加一级	顾宾臣	江苏人	监生	《缙绅全书》嘉庆三年冬
管河州判	李逢亭	陕西平利人	岁贡	《缙绅全书》嘉庆三年冬
淀河州判	李培林	山西介休人	监生	《缙绅全书》嘉庆三年冬
州同驻三角淀	王象恒	浙江钱塘人	监生	《缙绅全书》嘉庆三年冬
州判驻三角淀	李光绪	江苏沛县人	监生	《缙绅全书》嘉庆三年冬
学正	冯隆盛	天津人	举人	《缙绅全书》嘉庆三年冬
复设训导	王克昺	河间人	举人	《缙绅全书》嘉庆三年冬
清河吏目	陈 伯	河南西平人	监生	《缙绅全书》嘉庆三年冬
吏目	刘如梧	山西太平人	监生	《缙绅全书》嘉庆三年冬

职官	人名	籍贯	出身	出处及在职时间
知州加一级	顾宾臣	江苏人	监生	《缙绅全书》嘉庆五年冬
管河州判	裘龙绲	浙江钱塘人	监生	《缙绅全书》嘉庆五年冬
淀河州判	赵纶	浙江钱塘人	副榜	《缙绅全书》嘉庆五年冬
州同驻三角淀	陈起鸿	浙江山阴人	监生	《缙绅全书》嘉庆五年冬
州判驻三角淀	李光绪	江苏沛县人	监生	《缙绅全书》嘉庆五年冬
学正	冯隆盛	天津人	举人	《缙绅全书》嘉庆五年冬
复设训导	王克昺	河间人	举人	《缙绅全书》嘉庆五年冬
清河吏目	李文英	四川华阳人	监生	《缙绅全书》嘉庆五年冬
吏目	刘如梧	山西太平人	监生	《缙绅全书》嘉庆五年冬

职官	人名	籍贯	出身	出处及在职时间
知州	李师舒	河南济源人	进士	《民国霸县新志》嘉庆九年
知州加一级	顾宾臣	江苏人	监生	《缙绅全书》嘉庆九年春
管河州判	李培林	山西介休人	监生	《缙绅全书》嘉庆九年春
淀河州判	张调元	江苏嘉定人	监生	《缙绅全书》嘉庆九年春
州同驻三角淀	吴 怀	浙江山阴人	议叙	《缙绅全书》嘉庆九年春
州判驻三角淀	王锡景	江苏人	监生	《缙绅全书》嘉庆九年春
学正	张宗海	保定府人	举人	《缙绅全书》嘉庆九年春
复设训导	王克昜	河间人	举人	《缙绅全书》嘉庆九年春
北岸管河巡检	王蓉初	江苏清河人	监生	《缙绅全书》嘉庆九年春

职官	人名	籍贯	出身	出处及在职时间
吏目	沈　谦	江苏无锡人	监生	《民国霸县新志》《缙绅全书》嘉庆九年春
备注：《民国霸县新志》载其嘉庆七年任。				
知州	韩宪曾	江宁人	四库馆议叙	《民国霸县新志》嘉庆十一年
知州	李元林	四川成都人	供事	《民国霸县新志》嘉庆十一年
知州加一级	邹慕峄	湖北麻城人	附贡	《缙绅全书》《中枢备览》嘉庆十一年春
管河州判	李培林	山西介休人	监生	《缙绅全书》《中枢备览》嘉庆十一年春
淀河州判	冯人骥	浙江平湖人	监生	《缙绅全书》《中枢备览》嘉庆十一年春
州同驻三角淀	吴　怀	浙江山阴人	议叙	《缙绅全书》《中枢备览》嘉庆十一年春
州同驻三角淀		浙江桐乡人	监生	《缙绅全书》《中枢备览》嘉庆十一年春

职官	人名	籍贯	出身	出处及在职时间
学正	张宗海	保定府人	举人	《缙绅全书》《中枢备览》嘉庆十一年春
复设训导	冯冠士	永平人	举人	《缙绅全书》《中枢备览》嘉庆十一年春
北岸管河巡检	王蓉初	江苏清河人	监生	《缙绅全书》《中枢备览》嘉庆十一年春
吏目	沈　谦	江苏无锡人	监生	《缙绅全书》《中枢备览》嘉庆十一年春
知州	邹慕峄	湖北麻城人	附贡	《缙绅全书》嘉庆十一年夏
管河州判	李培林	山西介休人	监生	《缙绅全书》嘉庆十一年夏
淀河州判	冯人骥	浙江平湖人	监生	《缙绅全书》嘉庆十一年夏
复设训导	冯冠士	永平人	举人	《缙绅全书》嘉庆十一年夏
州同驻三角淀	吴　怀	浙江山阴人	议叙	《缙绅全书》嘉庆十一年夏

职官	人名	籍贯	出身	出处及在职时间
学正	张宗海	保定府人	举人	《缙绅全书》嘉庆十一年夏
复设训导	王葵初	江苏清河人	监生	《缙绅全书》嘉庆十一年夏
北岸管河巡检	王蓉初	江苏清河人	监生	《缙绅全书》嘉庆十一年夏
吏目	沈谦	江苏无锡人	监生	《缙绅全书》嘉庆十一年夏
知州加一级	张道源	山西浮山人	贡生	《民国霸县新志》《缙绅全书》嘉庆十七年秋
备注：《民国霸县新志》载其姓名为张道渥。				
管河州判	屈邦基	江苏常熟人	监生	《缙绅全书》嘉庆十七年秋
淀河巡检	沈潮	安微石埭人	议叙	《缙绅全书》嘉庆十七年秋
州同驻三角淀	郑以侗	江苏如皋人	监生	《缙绅全书》嘉庆十七年秋

职官	人名	籍贯	出身	出处及在职时间
州判驻三角淀	毛占枢	浙江余姚人	监生	《缙绅全书》嘉庆十七年秋
学正	耿明德	定州人	举人	《缙绅全书》嘉庆十七年秋
复设训导	李 英	广昌人	生员	《缙绅全书》嘉庆十七年秋
北岸管河巡检		浙江钱塘人	监生	《缙绅全书》嘉庆十七年秋
吏目	沈 谦	江苏无锡人	监生	《缙绅全书》嘉庆十七年秋
知州	宁云鹏	山东蓬莱人	进士	《民国霸县新志》嘉庆二十一年
知州加一级	卢 奎	山西永济人	进士	《缙绅全书》嘉庆二十一年冬
州同	蒋宗墉	安徽怀宁人	监生	《缙绅全书》嘉庆二十一年冬
管河州判	屈邦基	江苏常熟人	监生	《缙绅全书》嘉庆二十一年冬

职官	人名	籍贯	出身	出处及在职时间
州判	毛占枢	浙江余姚人	监生	《缙绅全书》嘉庆二十一年冬
淀河巡检	归懋修	江苏人	监生	《缙绅全书》嘉庆二十一年冬
学正	常克容	昌黎人	举人	《缙绅全书》嘉庆二十一年冬
复设训导	谷怀珍	保定人	举人	《缙绅全书》嘉庆二十一年冬
复设训导	汪炳文	山东菏泽人	举人	《缙绅全书》嘉庆二十一年冬
吏目	徐 位	江苏常熟人	监生	民国二十年霸县新志《缙绅全书》嘉庆二十一年冬
知州	江兆霖	湖北黄冈人	举人	《民国霸县新志》嘉庆二十二年
知州加一级	何 贞	浙江山阴人	监生	《缙绅全书》嘉庆二十二年春
州同	祝庆谷	河南固始人	监生	《缙绅全书》嘉庆二十二年春

职官	人名	籍贯	出身	出处及在职时间
管河州判	屈邦基	江苏常熟人	监生	《缙绅全书》嘉庆二十二年春
州判	毛占枢	浙江余姚人	监生	《缙绅全书》嘉庆二十二年春
淀河巡检	陈佩兰	江苏江宁人	岁贡	《缙绅全书》嘉庆二十二年春
学正	常克容	昌黎人	举人	《缙绅全书》嘉庆二十二年春
复设训导	季 英	广昌人	廪贡	《缙绅全书》嘉庆二十二年春
北岸六工管河州判	康 诰	江苏清河人	监生	《缙绅全书》嘉庆二十二年春
吏目	徐 位	江苏常熟人	监生	《缙绅全书》嘉庆二十二年春
知州	何 贞	浙江山阴人	监生	《缙绅全书》（大）嘉庆二十二年冬
知州	祝庆谷	河南固始人	监生	《缙绅全书》（大）嘉庆二十二年冬

职官	人名	籍贯	出身	出处及在职时间
知州	屈邦基	江苏常熟人	监生	《缙绅全书》（大）嘉庆二十二年冬
知州	毛占枢	浙江余姚人	监生	《缙绅全书》（大）嘉庆二十二年冬
知州	归懋修	江苏人	监生	《缙绅全书》（大）嘉庆二十二年冬
学正	常克容	昌黎人	举人	《缙绅全书》（大）嘉庆二十二年冬 《缙绅全书》（小）
复设训导	谷怀珍	保定人	举人	《缙绅全书》（大）嘉庆二十二年冬 《缙绅全书》（小）
北岸六工管河州判	康诰	江苏清河人	监生	《缙绅全书》（大）嘉庆二十二年冬 《缙绅全书》（小）
吏目	徐位	江苏常熟人	监生	《缙绅全书》（大）嘉庆二十二年冬 《缙绅全书》（小）
知州加一级	何贞	浙江山阴人	监生	《缙绅全书》（小）嘉庆二十二年冬
州同	祝庆谷	河南固始人	监生	《缙绅全书》（小）嘉庆二十二年冬

职官	人名	籍贯	出身	出处及在职时间
管河州判	屈邦基	江苏常熟人	监生	《缙绅全书》（小）嘉庆二十二年冬
州判	毛占枢	浙江余姚人	监生	《缙绅全书》（小）嘉庆二十二年冬
知州	归懋修	江苏人	监生	《缙绅全书》（小）嘉庆二十二年冬
知州	韩绍均	山西汾阳人		《民国霸县新志》嘉庆二十四年
知州加一级	卢　奎	山西永济人		《缙绅全书》嘉庆二十五年夏
州同	蒋宗埔	安徽怀宁人	监生	《缙绅全书》嘉庆二十五年夏
管河州判	屈邦基	江苏常熟人	监生	《缙绅全书》嘉庆二十五年夏
州判	毛占枢	浙江余姚人	监生	《缙绅全书》嘉庆二十五年夏
学正	常克容	昌黎人	举人	《缙绅全书》嘉庆二十五年夏

职官	人名	籍贯	出身	出处及在职时间
复设训导	谷怀珍	保定人	举人	《缙绅全书》嘉庆二十五年夏
北岸六工管河州判	汪炳文	山东菏泽人	监生	《缙绅全书》嘉庆二十五年夏
吏目	徐位	江苏常熟人	监生	《缙绅全书》嘉庆二十五年夏
候选守备	宋泰昌			《内阁全宗》嘉庆年间
游击	伊昌阿			《宫中档案全宗》嘉庆年间
游击	明禄			《内阁全宗》嘉庆年间
游击	法克精阿			《宫中档案全宗》嘉庆年间
知州	孙荣昇			《内阁全宗》嘉庆年间
知州	王敬宗	山东济宁人	优贡	《民国霸县新志》道光四年

职官	人名	籍贯	出身	出处及在职时间
知州	周锦麟	山西保德州人	副贡	《民国霸县新志》道光四年
知州加一级	胡　寅	湖北天门人	举人	《缙绅全书》《中枢备览》道光四年夏
州同	胡传冉	江苏武进人	监生	《缙绅全书》《中枢备览》道光四年夏
管河州判	屈邦基	江苏常熟人	监生	《缙绅全书》《中枢备览》道光四年夏
州判	毛占枢	浙江余姚人	监生	《缙绅全书》《中枢备览》道光四年夏
淀河巡检	沈元文	浙江归安人	监生	《缙绅全书》《中枢备览》道光四年夏
学正	张炳辰	天津人	举人	《缙绅全书》《中枢备览》道光四年夏
复设训导	谷怀珍	保定人	举人	《缙绅全书》《中枢备览》道光四年夏
北岸六工管河州判	李祖垚	山西晋城人	廪贡	《缙绅全书》《中枢备览》道光四年夏

职官	人名	籍贯	出身	出处及在职时间
城守	□尔清	满洲正黄旗人		《缙绅全书》《中枢备览》道光四年夏
把总	马长清	直隶人	行伍	《缙绅全书》《中枢备览》道光四年夏
知州	胡 寅	湖北天门人	举人	《缙绅全书》道光四年夏
州同	胡传冉	江苏武进人	监生	《缙绅全书》道光四年夏
管河州判	屈邦基	江苏常熟人	监生	《缙绅全书》道光四年夏
州判	毛占枢	浙江余姚人	监生	《缙绅全书》道光四年夏
淀河巡检	沈元文	浙江归安人	监生	《缙绅全书》道光四年夏
学正	张炳辰	天津人	举人	《缙绅全书》道光四年夏
复设训导	谷怀珍	保定人	举人	《缙绅全书》道光四年夏

职官	人名	籍贯	出身	出处及在职时间
北岸六工管河州判	李祖垚	山西晋城人	廪贡	《缙绅全书》道光四年夏
吏目	刘燦魁	贵州越平州人	监生	《缙绅全书》道光四年夏
知州	葛荫梓	河南虞城人	举人	《民国霸县新志》道光五年
知州	熊光禧	安徽潜山人	监生	《民国霸县新志》道光五年
知州	卢建基	四川垫江人	监生	《爵秩全览》道光六年秋
州同	康诰	江苏清河人	监生	《爵秩全览》道光六年秋
管河州判	屈邦基	江苏常熟人	监生	《爵秩全览》道光六年秋
州判	万启逊	江西南昌人	监生	《爵秩全览》道光六年秋
淀河巡检	崔广仁	河南商丘人	监生	《爵秩全览》道光六年秋

职官	人名	籍贯	出身	出处及在职时间
学正	张炳辰	天津人	举人	《爵秩全览》道光六年秋
复设训导	孙桐豫	河间人	举人	《爵秩全览》道光六年秋
北岸六工管河州判	吕子璜	江苏阳湖人	副榜	《爵秩全览》道光六年秋
吏目	叶安	广东归善人	监生	《爵秩全览》道光六年秋
知州加一级	卢建基	四川垫江人	监生	《缙绅全书》道光七年春
州同驻永定河	康诰	江苏清河人	监生	《缙绅全书》道光七年春
管河州判	屈邦基	江苏常熟人		《缙绅全书》道光七年春
州判驻三角淀	万启逊	江西南昌人	监生	《缙绅全书》道光七年春
学正	张炳辰	天津人	举人	《缙绅全书》道光七年春

职官	人名	籍贯	出身	出处及在职时间
复设训导	孙桐豫	河间人	举人	《缙绅全书》道光七年春
北岸六工管河州判	吕子璜	江苏阳湖人	副榜	《缙绅全书》道光七年春
吏目	叶 安	广东归善人	监生	《缙绅全书》道光七年春
淀河巡检	崔广仁	河南商丘人	监生	《缙绅全书》道光七年春
知州加一级	卢建基	四川垫江人	监生	《缙绅全书》道光七年春
州同驻永定河	康 诰	江苏清河人	监生	《缙绅全书》道光七年春
清河州判	蔡廷勋	江苏昭文人		《缙绅全书》道光七年春
州判驻三角淀	张 梦	江苏铜山人	监生	《缙绅全书》道光七年春
学正	张炳辰	天津人	举人	《缙绅全书》道光七年春

职官	人名	籍贯	出身	出处及在职时间
复设训导	孙 宽	赵州人	举人	《缙绅全书》道光七年春
北岸六工管河州判	吕子璜	江苏阳湖人	副榜	《缙绅全书》道光七年春
吏目	吴士珍	四川遂宁人	贡生	《民国霸县新志》《缙绅全书》道光七年春
淀河巡检	李振业	安徽太湖人	监生	《缙绅全书》道光七年春
知州	孙元彬	云南昆明人	举人	《民国霸县新志》道光十年
吏目	杜子和	浙江山阴人	供事	《民国霸县新志》道光十年
知州加一级	姬 均	河南夏邑人	附贡	《缙绅全书》《中枢备览》道光十三年夏
州同驻永定河	康 诰	江苏清河人	监生	《缙绅全书》《中枢备览》道光十三年夏
州判驻三角淀	沈元文	浙江归安人	监生	《缙绅全书》《中枢备览》道光十三年夏

职官	人名	籍贯	出身	出处及在职时间
北岸六工管河州判	吕子瑛	江苏阳湖人	副榜	《缙绅全书》《中枢备览》道光十三年夏
学正	张炳辰	天津人	举人	《缙绅全书》《中枢备览》道光十三年夏
复设训导	孙 宽	赵州人	举人	《缙绅全书》《中枢备览》道光十三年夏
吏目	许鹏程	四川华阳人	监生	《民国霸县新志》《缙绅全书》《中枢备览》道光十三年夏
备注：《民国霸县新志》载其道光十年任。				
淀河巡检	傅致泰	湖北江夏人	监生	《缙绅全书》《中枢备览》道光十三年夏
知州加一级	姬 均	河南夏邑人	附贡	《缙绅全书》《中枢备览》道光十三年夏
州同驻永定河	康 诰	江苏清河人	监生	《缙绅全书》《中枢备览》道光十三年夏
州判驻三角淀	沈元文	浙江归安人	监生	《缙绅全书》《中枢备览》道光十三年夏

职官	人名	籍贯	出身	出处及在职时间
北岸六工管河州判	吕子璜	江苏阳湖人	副榜	《缙绅全书》《中枢备览》道光十三年夏
学正	张炳辰	天津人	举人	《缙绅全书》《中枢备览》道光十三年夏
复设训导	孙 宽	赵州人	举人	《缙绅全书》《中枢备览》道光十三年夏
吏目	许鹏程	四川华阳人	监生	《缙绅全书》《中枢备览》道光十三年夏
淀河巡检	傅致泰	湖北江夏人	监生	《缙绅全书》《中枢备览》道光十三年夏
知州加一级	姬 均	河南夏邑人	附贡	《缙绅全书》道光十四年夏
州同驻永定河	康 诰	江苏清河人	监生	《缙绅全书》道光十四年春
州判驻三角淀	沈元文	浙江归安人	监生	《缙绅全书》道光十四年春
北岸六工管河州判	吕子璜	江苏阳湖人	副榜	《缙绅全书》道光十四年春

职官	人名	籍贯	出身	出处及在职时间
学正	张炳辰	天津人	举人	《缙绅全书》道光十四年春
复设训导	孙宽	赵州人	举人	《缙绅全书》道光十四年春
吏目	许鹏程	四川华阳人	监生	《缙绅全书》道光十四年春
淀河巡检	傅致泰	湖北江夏人	监生	《缙绅全书》道光十四年春
知州加一级	姬均	河南夏邑人	附贡	《缙绅全书》道光十四年夏
州同驻永定河	康诰	江苏清河人	监生	《缙绅全书》道光十四年夏
州判驻三角淀	沈元文	浙江归安人	监生	《缙绅全书》道光十四年夏
北岸六工管河州判	吕子璜	江苏阳湖人	副榜	《缙绅全书》道光十四年夏
学正	张炳辰	天津人	举人	《缙绅全书》道光十四年夏

职官	人名	籍贯	出身	出处及在职时间
复设训导	孙 宽	赵州人	举人	《缙绅全书》道光十四年夏
吏目	许鹏程	四川华阳人	监生	《缙绅全书》道光十四年夏
淀河巡检	傅致秦	湖北江夏人	监生	《缙绅全书》道光十四年夏
知州加一级	姬 均	河南夏邑人	附贡	《缙绅全书》道光十六年秋
北岸六工管河州判	吕子璜	江苏阳湖人	副榜	《缙绅全书》道光十六年秋
学正	张炳辰	天津人	举人	《缙绅全书》道光十六年秋
吏目	许鹏程	四川华阳人	监生	《缙绅全书》道光十六年秋
州同驻永定河	蒋景旸	江苏元和人	监生	《缙绅全书》道光十六年秋
州判驻三角淀	沈元文	浙江归安人	监生	《缙绅全书》道光十六年秋

职官	人名	籍贯	出身	出处及在职时间
复设训导	孙　宽	赵州人	举人	《缙绅全书》道光十六年秋
淀河巡检	屈维域	江苏常熟人	监生	《缙绅全书》道光十六年秋
知州加一级	姬　均	河南夏邑人	附贡	《缙绅全书》《中枢备览》道光十六年冬
北岸六工管河州判	吕子瓒	江苏阳湖人	副榜	《缙绅全书》《中枢备览》道光十六年冬
学正	张炳辰	天津人	举人	《缙绅全书》《中枢备览》道光十六年冬
吏目	许鹏程	四川华阳人	监生	《缙绅全书》《中枢备览》道光十六年冬
州同驻永定河	蒋景旸	江苏元和人	监生	《缙绅全书》《中枢备览》道光十六年冬
州判驻三角淀	沈元文	浙江归安人	监生	《缙绅全书》《中枢备览》道光十六年冬
复设训导	孙　宽	赵州人	举人	《缙绅全书》《中枢备览》道光十六年冬

职官	人名	籍贯	出身	出处及在职时间
淀河巡检	屈维域	江苏常熟人	监生	《缙绅全书》《中枢备览》道光十六年冬
知州加一级	姬 均	河南夏邑人	附贡	《缙绅全书》道光十七年秋
北岸六工管河州判	吕子瑛	江苏阳湖人	副榜	《缙绅全书》道光十七年秋
学正	张炳辰	天津人	举人	《缙绅全书》道光十七年秋
吏目	单 溥	浙江山阴人	职员	《民国霸县新志》《缙绅全书》道光十七年秋
州同驻永定河	蒋景旸	江苏元和人	监生	《缙绅全书》道光十七年秋
州判驻三角淀	沈元文	浙江归安人	监生	《缙绅全书》道光十七年秋
复设训导	孙 宽	赵州人	举人	《缙绅全书》道光十七年秋
淀河巡检	屈维域	江苏常熟人	监生	《缙绅全书》道光十七年秋

职官	人名	籍贯	出身	出处及在职时间
知州	韩象鼎	山东章丘人	进士	《民国霸县新志》道光十八年
知州	丁希陶	云南楚雄人	进士	《民国霸县新志》道光十八年
知州加一级	姬 均	河南夏邑人	附贡	《缙绅全书》道光十八年夏
北岸六工管河州判	吕子璜	江苏阳湖人	副榜	《缙绅全书》道光十八年夏
学正	张炳辰	天津人	举人	《缙绅全书》道光十八年夏
吏目	单 溥	浙江山阴人	职员	《缙绅全书》道光十八年夏
州同驻永定河	蒋景旸	江苏元和人	监生	《缙绅全书》道光十八年夏
州判驻三角淀	沈元文	浙江归安人	监生	《缙绅全书》道光十八年夏
复设训导	孙 宽	赵州人	举人	《缙绅全书》道光十八年夏

职官	人名	籍贯	出身	出处及在职时间
淀河巡检			监生	《缙绅全书》道光十八年夏
知州	许本荃	湖北天门人	拔贡	《民国霸县新志》道光十九年
知州加一级	姬 均	河南夏邑人	附贡	《缙绅全书》《爵秩全览》道光十九年夏
北岸六工管河州判	吕子璜	江苏阳湖人	副榜	《缙绅全书》《爵秩全览》道光十九年夏
学正	张炳辰	天津人	举人	《缙绅全书》《爵秩全览》道光十九年夏
吏目	单 溥	浙江山阴人	职员	《缙绅全书》《爵秩全览》道光十九年夏
州同驻永定河	蒋景旸	江苏元和人	监生	《缙绅全书》《爵秩全览》道光十九年夏
州判驻三角淀	沈元文	浙江归安人	监生	《缙绅全书》《爵秩全览》道光十九年夏
复设训导	孙 宽	赵州人	举人	《缙绅全书》《爵秩全览》道光十九年夏

职官	人名	籍贯	出身	出处及在职时间
霸永巡检	王士珍	湖北郧西人	监生	《缙绅全书》《爵秩全览》道光十九年夏
知州加一级	高际昌	安徽舒城人	职员	《缙绅全书》道光二十年秋
北岸六工管河州判	马晋锡	江苏常熟人	监生	《缙绅全书》道光二十年秋
学正	张廷柏	永平府人	举人	《缙绅全书》道光二十年秋
吏目	单 溥	浙江山阴人	职员	《缙绅全书》道光二十年秋
州同驻永定河	蒋景晹	江苏元和人	监生	《缙绅全书》道光二十年秋
州判驻三角淀	沈元文	浙江归安人	监生	《缙绅全书》道光二十年秋
复设训导	孙 宽	赵州人	举人	《缙绅全书》道光二十年秋
霸永巡检驻信安镇	王士珍	湖北郧西人	监生	《缙绅全书》道光二十年秋

职官	人名	籍贯	出身	出处及在职时间
知州加一级	高际昌	安徽舒城人	职员	《缙绅全书》道光二十年冬
北岸六工管河州判	杨晋锡	江苏常熟人	监生	《缙绅全书》道光二十年冬
学正	张廷柏	永平府人	举人	《缙绅全书》道光二十年冬
吏目	单溥	浙江山阴人	职员	《缙绅全书》道光二十年冬
州同驻永定河	蒋景旸	江苏元和人	监生	《缙绅全书》道光二十年冬
州判驻三角淀	沈元文	浙江归安人	监生	《缙绅全书》道光二十年冬
复设训导	孙宽	赵州人	举人	《缙绅全书》道光二十年冬
知州	毕昌绪	山东淄州人	拔贡	《民国霸县新志》道光二十二年
知州加一级	高际昌	安徽舒城人	职员	《缙绅全书》《中枢备览》道光二十二年春

职官	人名	籍贯	出身	出处及在职时间
州同驻永定河	罗 瀛	江苏宿迁人	监生	《缙绅全书》《中枢备览》道光二十二年春
北岸六工管河州判	马晋锡	江苏常熟人	监生	《缙绅全书》《中枢备览》道光二十二年春
州同驻三角淀		浙江归安人	监生	《缙绅全书》《中枢备览》道光二十二年春
学正	张廷柏	永平府人	举人	《缙绅全书》《中枢备览》道光二十二年春
复设训导	孙 宽	赵州人	举人	《缙绅全书》《中枢备览》道光二十二年春
吏目	单 溥	浙江山阴人	职员	《缙绅全书》《中枢备览》道光二十二年春
霸口巡检驻信安镇	史恩焘	陕西华州人	监生	《民国霸县新志》《缙绅全书》《中枢备览》道光二十二年春
知州加一级	高际昌	安徽舒城人	职员	《缙绅全书》道光二十二年冬
州同驻永定河	罗 瀛	江苏宿迁人	监生	《缙绅全书》道光二十二年冬

职官	人名	籍贯	出身	出处及在职时间
北岸六工管河州判	严士钧	浙江归安人	监生	《缙绅全书》道光二十二年冬
州判驻三角淀	骝锡	江苏常熟人	监生	《缙绅全书》道光二十二年冬
学正	张廷柏	永平府人	举人	《缙绅全书》道光二十二年冬
复设训导	孙宽	赵州人	举人	《缙绅全书》道光二十二年冬
吏目	单溥	浙江山阴人	职员	《缙绅全书》道光二十二年冬
霸永巡检驻信安镇	史恩焘	陕西华州人	监生	《民国霸县新志》《缙绅全书》道光二十二年冬
吏目	陈治平	浙江会稽人	监生	《民国霸县新志》道光二十三年
知州	饶春熙	云南恩安人	拔贡	《民国霸县新志》道光二十四年

职官	人名	籍贯	出身	出处及在职时间
知州	喻元霈	湖北黄梅人	举人	《民国霸县新志》道光二十四年
知州加一级	刘体直	山西太平人	监生	《缙绅全书》道光二十五年夏
州同驻永定河	罗瀛	江苏宿迁人	监生	《缙绅全书》道光二十五年夏
北岸六工管河州判	唐润	江苏江都人	举人	《缙绅全书》道光二十五年夏
州判驻三角淀	张 □	江苏宿迁人	举人	《缙绅全书》道光二十五年夏
学正	张廷柏	永平府人	举人	《缙绅全书》道光二十五年夏
复设训导	周元庆	大名人	举人	《缙绅全书》道光二十五年夏
吏目	闵松焘	四川成都人	监生	《民国霸县新志》《缙绅全书》道光二十五年夏
霸永巡检驻信安镇	史恩焘	陕西华州人	监生	《缙绅全书》道光二十五年夏

职官	人名	籍贯	出身	出处及在职时间
知州加一级	刘体直	山西太平人	监生	《缙绅全书》道光二十五年秋
州同驻永定河	徐敦义	浙江德清人	监生	《缙绅全书》道光二十五年秋
北岸六工管河州判	唐 润	江苏江都人	举人	《缙绅全书》道光二十五年秋
州判驻三角淀	张 □	江苏宿迁人	举人	《缙绅全书》道光二十五年秋
学正	张廷柏	永平府人	举人	《缙绅全书》道光二十五年秋
复设训导	周元庆	大名人	举人	《缙绅全书》道光二十五年秋
吏目	闵松焘	四川成都人	监生	《缙绅全书》道光二十五年秋
霸永巡检驻信安镇	史恩焘	陕西华州人	监生	《民国霸县新志》《缙绅全书》道光二十五年秋
知州	杨金骏	河南太康人	监生	《民国霸县新志》道光二十六年

职官	人名	籍贯	出身	出处及在职时间
知州	吕圻	江西建昌人	进士	《民国霸县新志》道光二十六年
知州		河南人	监生	《爵秩全览》道光二十六年
州同驻永定河	徐敦义	浙江德清人	监生	《爵秩全览》道光二十六年
州判驻三角淀	罗廷庄	广西马平人	监生	《爵秩全览》道光二十六年
北岸六工管河州判	唐润	江苏江都人	举人	《爵秩全览》道光二十六年
学正	张廷柏	永平府人	举人	《爵秩全览》道光二十六年
复设训导	朱世锟	保定府人	廪贡	《爵秩全览》道光二十六年
吏目	任桂生	浙江会稽人	监生	《民国霸县新志》《爵秩全览》道光二十六年
霸永巡检	史恩焘	陕西华州人	监生	《民国霸县新志》《爵秩全览》道光二十六年

职官	人名	籍贯	出身	出处及在职时间
知州	刘仲锟	山东滨州人	副贡	《民国霸县新志》道光二十七年
知州加一级		河南太康人	监生	《缙绅全书》道光二十七年夏
州同驻永定河	徐敦义	浙江德清人	监生	《缙绅全书》道光二十七年夏
州判驻三角淀		广西人	监生	《缙绅全书》道光二十七年夏
北岸六工管河州判	唐润	江苏江都人	举人	《缙绅全书》道光二十七年夏
学正	张廷柏	永平府人	举人	《缙绅全书》道光二十七年夏
复设训导	朱世锟	保定府人	廪贡	《缙绅全书》道光二十七年夏
吏目	任桂生	浙江会稽人	监生	《缙绅全书》道光二十七年夏
霸永巡检驻信安镇	史恩煮	陕西华州人	监生	《民国霸县新志》《缙绅全书》道光二十七年夏

职官	人名	籍贯	出身	出处及在职时间
知州加一级	龚泰阶	江苏人	监生	《缙绅全书》道光二十七年秋
州同驻永定河	徐敦义	浙江德清人	监生	《缙绅全书》道光二十七年秋
州判驻三角淀	陈士全	江苏江宁人	举人	《缙绅全书》道光二十七年秋
北岸六工管河州判	唐润	江苏江都人	举人	《缙绅全书》道光二十七年秋
学正	张廷柏	永平府人	举人	《缙绅全书》道光二十七年秋
复设训导	朱世锟	保定府人	廪贡	《缙绅全书》道光二十七年秋
吏目	任桂生	浙江会稽人	监生	《缙绅全书》道光二十七年秋
霸永巡检驻信安镇		陕西华州人	监生	《缙绅全书》道光二十七年秋
吏目	鲁镛	浙江山阴人		《民国霸县新志》道光二十八年

职官	人名	籍贯	出身	出处及在职时间
知州	乔作新	山西闻喜人	监生	《爵秩全览》道光二十八年夏
州同驻永定河	徐敦义	浙江德清人	监生	《爵秩全览》道光二十八年夏
州判驻三角淀	陈士全	江苏江宁人	举人	《爵秩全览》道光二十八年夏
北岸六工管河州判	唐润	江苏江都人	举人	《爵秩全览》道光二十八年夏
学正	张廷柏	永平府人	举人	《爵秩全览》道光二十八年夏
复设训导	朱世锟	保定府人	廪贡	《爵秩全览》道光二十八年夏
霸永巡检	吴文焕	安徽休宁人	监生	《爵秩全览》道光二十八年夏
吏目	任桂生	浙江会稽人	监生	《爵秩全览》道光二十八年夏
知州加一级	乔作新	山西闻喜人	监生	《缙绅全书》道光二十八年冬

职官	人名	籍贯	出身	出处及在职时间
州同驻永定河	徐敦义	浙江德清人	监生	《缙绅全书》道光二十八年冬
州判驻三角淀	陈士全	江苏江宁人	举人	《缙绅全书》道光二十八年冬
北岸六工管河州判	唐 润	江苏江都人	举人	《缙绅全书》道光二十八年冬
学正	张廷柏	永平府人	举人	《缙绅全书》道光二十八年冬
复设训导	朱世锟	保定府人	廪贡	《缙绅全书》道光二十八年冬
霸永巡检驻信安镇	吴文焕	安徽休宁人	监生	《缙绅全书》道光二十八年冬
吏目		浙江会稽人	监生	《缙绅全书》道光二十八年冬
知州加一级	乔作新	山西闻喜人	监生	《缙绅全书》道光二十九年夏
州同驻永定河	司马钟	江苏江宁人	附生	《缙绅全书》道光二十九年夏

职官	人名	籍贯	出身	出处及在职时间
北岸六工管河州判	张维型	山东昌邑人	吏员	《缙绅全书》道光二十九年夏
州判驻三角淀		江苏江宁人	举人	《缙绅全书》道光二十九年夏
学正	张廷柏	永平府人	举人	《缙绅全书》道光二十九年夏
复设训导	朱世锟	保定府人	廪贡	《缙绅全书》道光二十九年夏
吏目		山西孟县人	监生	《缙绅全书》道光二十九年夏
霸永巡检驻信安镇	吴文焕	安徽休宁人	监生	《缙绅全书》道光二十九年夏
千总	张潼			《内阁全宗》道光年间
千总	马长清			《内阁全宗》道光年间
游击	岱敏			《内阁全宗》道光年间

职官	人名	籍贯	出身	出处及在职时间
游击	德凌			《那文毅公奏议》道光年间
知州	乔作新	山西闻喜人	监生	《爵秩全览》咸丰元年夏
州同驻永定河	司马钟	江苏江宁人	监生	《爵秩全览》咸丰元年夏
州判驻三角淀	曹文懿	山西介休人	监生	《爵秩全览》咸丰元年夏
北岸六工管河州判	张维型	山东昌邑人	吏员	《爵秩全览》咸丰元年夏
学正	张廷柏	永平府人	举人	《爵秩全览》咸丰元年夏
复设训导	朱世锟	保定府人	廪贡	《爵秩全览》咸丰元年夏
霸永巡检	吴文焕	安徽休宁人	监生	《爵秩全览》咸丰元年夏
吏目	何士衡	山东新城人	监生	《民国霸县新志》《爵秩全览》咸丰元年夏

职官	人名	籍贯	出身	出处及在职时间
备注：《民国霸县新志》载其为道光二十九年任。				
知州	乔作新	山西闻喜人	监生	《爵秩全览》咸丰二年冬
州同驻永定河	司马钟	江苏江宁人	监生	《爵秩全览》咸丰二年冬
州判驻三角淀	曹文懿	山西介休人	监生	《爵秩全览》咸丰二年冬
北岸六工管河州判	张维型	山东昌邑人	吏员	《爵秩全览》咸丰二年冬
学正	张廷柏	永平府人	举人	《爵秩全览》咸丰二年冬
复设训导	朱世锟	保定府人	廪贡	《爵秩全览》咸丰二年冬
霸永巡检	余居义	江苏上元人	监生	《爵秩全览》咸丰二年冬
吏目	何士衡	山东新城人	监生	《爵秩全览》咸丰二年冬

职官	人名	籍贯	出身	出处及在职时间
知州加一级	乔作新	山西闻喜人	监生	《缙绅全书》咸丰三年夏
州同驻永定河	司马钟	江苏江宁人	监生	《缙绅全书》咸丰三年夏
州判驻三角淀	曹文懿	山西介休人	监生	《缙绅全书》咸丰三年夏
北岸六工管河州判	张维型	山东昌邑人	吏员	《缙绅全书》咸丰三年夏
学正	张廷柏	永平府人	举人	《缙绅全书》咸丰三年夏
复设训导	朱世锟	保定府人	廪贡	《缙绅全书》咸丰三年夏
霸永巡检驻信安镇	余居义	江苏上元人	监生	《缙绅全书》咸丰三年夏
吏目	何士衡	山东新城人	监生	《缙绅全书》咸丰三年夏
吏目	冯震	浙江山阴人		《民国霸县新志》咸丰三年

职官	人名	籍贯	出身	出处及在职时间
知州	杨应枚	云南人	举人	《民国霸县新志》咸丰三年
吏目	欧阳炜	江西安福人		《民国霸县新志》咸丰四年
知州加一级		河南太康人	监生	《缙绅全书》咸丰四年春
州同驻永定河	徐敦义	浙江德清人	附生	《缙绅全书》咸丰四年春
北岸六工管河州判	唐润	江苏江都人	举人	《缙绅全书》咸丰四年春
州判驻三角淀	罗廷庄	广西马平人	监生	《缙绅全书》咸丰四年春
学正	张廷柏	永平府人	举人	《缙绅全书》咸丰四年春
复设训导	朱世锟	保定府人	廪贡	《缙绅全书》咸丰四年春
吏目	任桂生	浙江会稽人	监生	《缙绅全书》咸丰四年春

职官	人名	籍贯	出身	出处及在职时间
霸永巡检驻信安镇	史恩焘	陕西华州人	监生	《缙绅全书》咸丰四年春
知州		山西闻喜人	监生	《缙绅全书》咸丰四年
州同驻永定河	司马钟	江苏江宁人	监生	《缙绅全书》咸丰四年
州判驻三角淀	曹文懿	山西介休人	监生	《缙绅全书》咸丰四年
北岸六工管河州判	张维型	山东昌邑人	吏员	《缙绅全书》咸丰四年
学正	张廷柏	永平府人	举人	《缙绅全书》咸丰四年
复设训导	朱世锟	保定府人	廪贡	《缙绅全书》咸丰四年
霸永巡检驻信安镇	余居义	江苏上元人	监生	《缙绅全书》咸丰四年
吏目		山东新城人	监生	《缙绅全书》咸丰四年

职官	人名	籍贯	出身	出处及在职时间
吏目	沈 济	安徽婺源人	供事	《民国霸县新志》咸丰五年
吏目	左兆薇	安徽桐城人	监生	《民国霸县新志》咸丰六年
知州	赵 瀚	云南昆明人	举人	《爵秩全览》咸丰六年春
州同驻永定河	庞光辰	江苏上元人	监生	《爵秩全览》咸丰六年春
北岸六工管河州判	黄守坚	浙江平湖人	监生	《爵秩全览》咸丰六年春
学正	孙 堪	保定府人	举人	《爵秩全览》咸丰六年春
复设训导	朱世锟	保定府人	廪贡	《爵秩全览》咸丰六年春
霸永巡检	余居义	江苏上元人	监生	《爵秩全览》咸丰六年春
吏目	左兆薇	安徽桐城人	监生	《爵秩全览》咸丰六年春

职官	人名	籍贯	出身	出处及在职时间
知州加一级	赵 瀚	云南昆明人	举人	《缙绅全书》咸丰六年春
州同驻永定河	庞光辰	江苏上元人	监生	《缙绅全书》咸丰六年春
北岸六工管河州判	黄守坚	浙江平湖人	监生	《缙绅全书》咸丰六年春
州判驻三角淀		山西介休人	监生	《缙绅全书》咸丰六年春
学正	孙 堪	保定府人	举人	《缙绅全书》咸丰六年春
复设训导	朱世锟	保定府人	廪贡	《缙绅全书》咸丰六年春
霸永巡检驻信安镇	余居义	江苏上元人	监生	《缙绅全书》咸丰六年春
吏目	左兆薇	安徽桐城人	监生	《缙绅全书》咸丰六年春
知州	赵 瀚	云南昆明人	举人	《爵秩全览》咸丰六年夏

职官	人名	籍贯	出身	出处及在职时间
州同驻永定河	唐成棣	江苏江都人	监生	《爵秩全览》咸丰六年夏
州判驻三角淀	何承祐	江苏上元人	监生	《爵秩全览》咸丰六年夏
北岸六工管河州判	包国璟	江苏丹徒人		《爵秩全览》咸丰六年夏
学正	王 勋	广平人	举人	《爵秩全览》咸丰六年夏
复设训导	朱世锟	保定府人	廪贡	《爵秩全览》咸丰六年夏
霸永巡检	余居义	江苏上元人	监生	《爵秩全览》咸丰六年夏
吏目	何士衡	山东新城人	监生	《爵秩全览》咸丰六年夏
知州	赵 瀚	云南昆明人	举人	《爵秩全览》咸丰七年秋

职官	人名	籍贯	出身	出处及在职时间
州同驻永定河	唐成棣	江苏江都人	监生	《爵秩全览》咸丰七年秋
州判驻三角淀	何承祐	江苏上元人	监生	《爵秩全览》咸丰七年秋
北岸六工管河州判	包国璟	江苏丹徒人		《爵秩全览》咸丰七年秋
学正	王 勋	广平人	举人	《爵秩全览》咸丰七年秋
复设训导	朱世锟	保定府人	廪贡	《爵秩全览》咸丰七年秋
霸永巡检	余居义	江苏上元人	监生	《爵秩全览》咸丰七年秋
知州	赵 瀚	云南昆明人	举人	《爵秩全览》咸丰七年冬
州同驻永定河	庞光辰	江苏上元人	监生	《爵秩全览》咸丰七年冬

职官	人名	籍贯	出身	出处及在职时间
州判驻三角淀	何承祐	江苏上元人	监生	《爵秩全览》咸丰七年冬
学正	王 勋	广平人	举人	《爵秩全览》咸丰七年冬
复设训导	朱世锟	保定府人	廪贡	《爵秩全览》咸丰七年冬
霸永巡检	余居义	江苏上元人	监生	《爵秩全览》咸丰七年冬
吏目	左兆薇	安徽桐城人	监生	《爵秩全览》咸丰七年冬
知州加一级	赵 瀚	云南昆明人	举人	《缙绅全书》咸丰八年冬
州同驻永定河	唐成栋	江苏江都人	监生	《缙绅全书》咸丰八年冬
北岸六工管河州判	李执中	山东惠民人	拔贡	《缙绅全书》咸丰八年冬
州判驻三角淀	何承祐	江苏上元人	监生	《缙绅全书》咸丰八年冬

职官	人名	籍贯	出身	出处及在职时间
学正	王 勋	广平人	举人	《缙绅全书》咸丰八年冬
复设训导	朱世锟	保定府人	廪贡	《缙绅全书》咸丰八年冬
吏目	何士衡	山东新城人	监生	《缙绅全书》咸丰八年冬
霸永巡检驻信安镇	余居义	江苏上元人	监生	《缙绅全书》咸丰八年冬
知州加一级	赵 瀚	云南昆明人	举人	《缙绅全书》咸丰九年夏
州同驻永定河	唐成棣	江苏江都人	监生	《缙绅全书》咸丰九年夏
北岸六工管河州判	李执中	山东惠民人	拔贡	《缙绅全书》咸丰九年夏
州判驻三角淀	何承祐	江苏上元人	监生	《缙绅全书》咸丰九年夏
学正	王 勋	广平人	举人	《缙绅全书》咸丰九年夏

职官	人名	籍贯	出身	出处及在职时间
复设训导	朱世锟	保定府人	廪贡	《缙绅全书》咸丰九年夏
吏目	何士衡	山东新城人	监生	《缙绅全书》咸丰九年夏
霸永巡检驻信安镇	余居义	江苏上元人	监生	《缙绅全书》咸丰九年夏
知州	赵　瀚	云南昆明人	举人	《缙绅全书》咸丰十年秋
州同驻永定河		江苏江都人	监生	《缙绅全书》咸丰十年秋
北岸六工管河州判	李执中	山东惠民人	拔贡	《缙绅全书》咸丰十年秋
州判驻三角淀	何承祐	江苏上元人	监生	《缙绅全书》咸丰十年秋
学正	王　勋	广平人	举人	《缙绅全书》咸丰十年秋
复设训导	朱世锟	保定府人	廪贡	《缙绅全书》咸丰十年秋

职官	人名	籍贯	出身	出处及在职时间
吏目	何士衡	山东新城人	监生	《缙绅全书》咸丰十年秋
霸永巡检驻信安镇		江苏上元人	监生	《缙绅全书》咸丰十年秋
知州	赵 瀚	云南昆明人	举人	《缙绅全书》咸丰十年
州同驻永定河		江苏江都人	监生	《缙绅全书》咸丰十年
北岸六工管河州判	李执中	山东惠民人	拔贡	《缙绅全书》咸丰十年
州判驻三角淀	何承祐	江苏上元人	监生	《缙绅全书》咸丰十年
学正	王 勋	广平人	举人	《缙绅全书》咸丰十年
复设训导	朱世锟	保定府人	廪贡	《缙绅全书》咸丰十年
吏目	何士衡	山东新城人	监生	《缙绅全书》咸丰十年

职官	人名	籍贯	出身	出处及在职时间
霸永巡检驻信安镇		江苏上元人	监生	《缙绅全书》咸丰十年
知州	曾世槐	四川隆昌人	举人	《民国霸县新志》同治元年
知州	毛庆麟	浙江遂安人	拔贡	《民国霸县新志》同治二年
吏目	王堃	江西东乡人	监生	《民国霸县新志》同治三年
知州加一级	陈如瑶	山东菏泽人	附贡	《缙绅全书》同治四年夏
州同驻永定河	何承祐	江苏上元人	监生	《缙绅全书》同治四年夏
北岸六工管河州判	金嘉□	安徽桐城人	监生	《缙绅全书》同治四年夏
州判驻三角淀			俊秀	《缙绅全书》同治四年夏
学正	王勋	广平人	举人	《缙绅全书》同治四年夏

职官	人名	籍贯	出身	出处及在职时间
复设训导	朱世锟	保定府人	廪贡	《缙绅全书》同治四年夏
吏目	朱安	奉天承德人	监生	《缙绅全书》同治四年夏
霸永巡检驻信安镇	刘凝钧	山东昌邑人	吏员	《缙绅全书》同治四年夏
训导	陈朝栋	清苑人	举人	《民国霸县新志》同治五年
知州	陈如瑶	山东菏泽人	附贡	《缙绅全书》同治五年春
州同驻永定河	何承祐	江苏上元人	监生	《缙绅全书》同治五年春
北岸六工管河州判	宫兆庚	山东蓬莱人	副贡	《缙绅全书》同治五年春
学正	王勋	广平人	举人	《缙绅全书》同治五年春
复设训导	朱世锟	保定府人	廪贡	《缙绅全书》同治五年春

职官	人名	籍贯	出身	出处及在职时间
吏目	朱 安	奉天承德人	监生	《缙绅全书》同治五年春
霸永巡检驻信安镇	刘凝钧	山东昌邑人	吏员	《缙绅全书》同治五年春
知州	宋维光	山西汾阳人	贡生	《民国霸县新志》同治六年
知州	陈如瑶	山东菏泽人	附贡	《爵秩全览》同治六年春
州同驻永定河	何承祐	江苏上元人	监生	《爵秩全览》同治六年春
北岸六工管河州判	宫兆庚	山东蓬莱人	副贡	《爵秩全览》同治六年春
学正	王 勋	广平人	举人	《爵秩全览》同治六年春
复设训导	史聊盛	永平府人	岁贡	《民国霸县新志》《爵秩全览》同治六年春
吏目	朱 安	奉天承德人	监生	《爵秩全览》同治六年春

职官	人名	籍贯	出身	出处及在职时间
霸永巡检	刘凝钧	山东昌邑人	吏员	《爵秩全览》同治六年春
知州加一级	陈如瑶	山东菏泽人	附贡	《缙绅全书》同治六年春
州同驻永定河	何承祐	江苏上元人	监生	《缙绅全书》同治六年春
北岸六工管河州判		安徽桐城人	监生	《缙绅全书》同治六年春
州判驻三角淀	宫兆庚	山东蓬莱人	副贡	《缙绅全书》同治六年春
学正	王 勋	广平人	举人	《缙绅全书》同治六年春
复设训导	史聊盛	永平府人	岁贡	《民国霸县新志》《缙绅全书》同治六年春
吏目	朱 安	奉天承德人	监生	《缙绅全书》同治六年春
霸永巡检驻信安镇	刘凝钧	山东昌邑人	吏员	《缙绅全书》同治六年春

职官	人名	籍贯	出身	出处及在职时间
知州	陈如瑶	山东菏泽人	附贡	《缙绅全书》同治六年秋
州同驻永定河	何承祐	江苏上元人	监生	《缙绅全书》同治六年秋
州判驻三角淀	宫兆庚	山东蓬莱人	副贡	《缙绅全书》同治六年秋
学正	王 勋	广平人	举人	《缙绅全书》同治六年秋
复设训导	史聊盛	永平府人	岁贡	《民国霸县新志》《缙绅全书》同治六年秋
吏目	朱 安	奉天承德人	监生	《缙绅全书》同治六年秋
霸永巡检驻信安镇	刘凝钧	山东昌邑人	吏员	《缙绅全书》同治六年秋
知州	陈如瑶	山东菏泽人	附贡	《缙绅全书》同治八年春
州同驻永定河	何承祐	江苏上元人	监生	《缙绅全书》同治八年春

职官	人名	籍贯	出身	出处及在职时间
北岸六工管河州判	宝 贤	浙江仁和人	附生	《缙绅全书》同治八年春
州判驻三角淀	宫兆庚	山东蓬莱人	副贡	《缙绅全书》同治八年春
学正	王 勋	广平人	举人	《缙绅全书》同治八年春
复设训导	史聊盛	永平府人	岁贡	《民国霸县新志》《缙绅全书》同治八年春
吏目	朱 安	奉天承德人	监生	《缙绅全书》同治八年春
霸永巡检驻信安镇	刘凝钧	山东昌邑人	吏员	《缙绅全书》同治八年春
知州加一级	陈如瑶	山东菏泽人	附贡	《缙绅全书》同治八年冬
州同驻永定河	王养寿	浙江萧山人	举人	《缙绅全书》同治八年冬
北岸六工管河州判	白上贤	山西介休人	举人	《缙绅全书》同治八年冬

职官	人名	籍贯	出身	出处及在职时间
州判驻三角淀	宫兆庚	山东蓬莱人	副贡	《缙绅全书》同治八年冬
学正	王 勋	广平人	举人	《缙绅全书》同治八年冬
复设训导	史聊盛	永平府人	岁贡	《民国霸县新志》《缙绅全书》同治八年冬
吏目	朱 安	奉天承德人	监生	《缙绅全书》同治八年冬
霸永巡检驻信安镇	刘凝钧	山东昌邑人	吏员	《缙绅全书》同治八年冬
知州	陈如瑶	山东菏泽人	附贡	《爵秩全览》同治九年春
州同驻永定河	王养寿	浙江萧山人	举人	《爵秩全览》同治九年春
北岸六工管河州判	白上贤	山西介休人	举人	《爵秩全览》同治九年春
州判驻三角淀	宫兆庚	山东蓬莱人	副贡	《爵秩全览》同治九年春

职官	人名	籍贯	出身	出处及在职时间
学正	王　勋	广平人	举人	《爵秩全览》同治九年春
复设训导	史聊盛	永平府人	岁贡	《民国霸县新志》《爵秩全览》同治九年春
吏目	朱　安	奉天承德人	监生	《爵秩全览》同治九年春
霸永巡检	刘凝钧	山东昌邑人	吏员	《爵秩全览》同治九年春
知州加一级	陈如瑶	山东菏泽人	附贡	《缙绅全书》同治九年夏
州同驻永定河	王养寿	浙江萧山人	举人	《缙绅全书》同治九年夏
北岸六工管河州判	白上贤	山西介休人	举人	《缙绅全书》同治九年夏
学正	王　勋	广平人	举人	《缙绅全书》同治九年夏
吏目	朱　安	奉天承德人	监生	《缙绅全书》同治九年夏

职官	人名	籍贯	出身	出处及在职时间
州判驻三角淀	宫兆庚	山东蓬莱人	副贡	《缙绅全书》同治九年夏
复设训导	史聊盛	永平府人	岁贡	《民国霸县新志》《缙绅全书》同治九年夏
霸永巡检驻信安镇	刘凝钧	山东昌邑人	吏员	《缙绅全书》同治九年夏
知州加一级	陈如瑶	山东菏泽人	附贡	《爵秩全览》同治九年秋
州同驻永定河	王养寿	浙江萧山人	举人	《爵秩全览》同治九年秋
学正	王 勋	广平人	举人	《爵秩全览》同治九年秋
吏目	朱 安	奉天承德人	监生	《爵秩全览》同治九年秋
州判驻三角淀	宫兆庚	山东蓬莱人	副贡	《爵秩全览》同治九年秋
复设训导	史聊盛	永平府人	岁贡	《民国霸县新志》《爵秩全览》同治九年秋

职官	人名	籍贯	出身	出处及在职时间
霸永巡检驻信安镇	刘凝钧	山东昌邑人	吏员	《爵秩全览》同治九年秋
知州加一级	陈如瑶	山东菏泽人	附贡	《缙绅全书》同治九年冬
州同驻永定河	王养寿	浙江萧山人	举人	《缙绅全书》同治九年冬
北岸六工管河州判	白上贤	山西介休人	举人	《缙绅全书》同治九年冬
学正	王 勋	广平人	举人	《缙绅全书》同治九年冬
吏目	朱 安	奉天承德人	监生	《缙绅全书》同治九年冬
州判驻三角淀	宫兆庚	山东蓬莱人	副贡	《缙绅全书》同治九年冬
复设训导	史聊盛	永平府人	岁贡	《民国霸县新志》《缙绅全书》同治九年冬
霸永巡检驻信安镇	刘凝钧	山东昌邑人	吏员	《缙绅全书》同治九年冬

职官	人名	籍贯	出身	出处及在职时间
知州	蔡寿臻	浙江桐乡人	贡生	《民国霸县新志》同治十年
知州加一级	陈如瑶	山东菏泽人	附贡	《缙绅全书》同治十年春
州同驻永定河	王养寿	浙江萧山人	举人	《缙绅全书》同治十年春
北岸六工管河州判	王汉清	山东临淄人	监生	《缙绅全书》同治十年春
学正	王 勋	广平人	举人	《缙绅全书》同治十年春
吏目	朱 安	奉天承德人	监生	《缙绅全书》同治十年春
州判驻三角淀	宫兆庚	山东蓬莱人	副贡	《缙绅全书》同治十年春
复设训导	史聊盛	永平府人	岁贡	《民国霸县新志》《缙绅全书》同治十年春
霸永巡检驻信安镇	刘凝钧	山东昌邑人	吏员	《缙绅全书》同治十年春

职官	人名	籍贯	出身	出处及在职时间
知州加一级	陈如瑶	山东菏泽人	附贡	《缙绅全书》同治十年夏
州同驻永定河	王养寿	浙江萧山人	举人	《缙绅全书》同治十年夏
北岸六工管河州判	王汉清	山东临淄人	监生	《缙绅全书》同治十年夏
学正	王勋	广平人	举人	《缙绅全书》同治十年夏
吏目	朱安	奉天承德人	监生	《缙绅全书》同治十年夏
州判驻三角淀	宫兆庚	山东蓬莱人	副贡	《缙绅全书》同治十年夏
复设训导	史聊盛	永平府人	岁贡	《民国霸县新志》《缙绅全书》同治十年夏
霸永巡检驻信安镇	刘凝钧	山东昌邑人	吏员	《缙绅全书》同治十年夏
吏目	孙世忠	奉天人	监生	《民国霸县新志》同治十一年

职官	人名	籍贯	出身	出处及在职时间
知州	沈秉焘	浙江归安人	监生	《民国霸县新志》同治十一年
知州加一级	陈如瑶	山东菏泽人	副贡	《缙绅全书》同治十一年夏
北岸六工管河州判	李傅馨	浙江仁和人	供事	《缙绅全书》同治十一年夏
学正	王 勋	广平人	举人	《缙绅全书》同治十一年夏
吏目	朱 安	奉天承德人	监生	《缙绅全书》同治十一年夏
州同驻永定河	宫兆庚	山东蓬莱人	副贡	《缙绅全书》同治十一年夏
州判驻三角淀		山东蓬莱人	副贡	《缙绅全书》同治十一年夏
复设训导	史聊盛	永平府人	岁贡	《民国霸县新志》《缙绅全书》同治十一年夏
霸永巡检驻信安镇	刘凝钧	山东昌邑人	吏员	《缙绅全书》同治十一年夏

职官	人名	籍贯	出身	出处及在职时间
知州加一级	周乃大	浙江人	举人	《缙绅全书》《中枢备览》同治十一年秋
北岸六工管河州判	李傅馨	浙江仁和人	供事	《缙绅全书》《中枢备览》同治十一年秋
学正	王 勋	广平人	举人	《缙绅全书》《中枢备览》同治十一年秋
吏目	朱 安	奉天承德人	监生	《缙绅全书》《中枢备览》同治十一年秋
州同驻永定河	宫兆庚	山东蓬莱人	副贡	《缙绅全书》《中枢备览》同治十一年秋
州判驻三角淀		山东蓬莱人	副贡	《缙绅全书》《中枢备览》同治十一年秋
复设训导	史聊盛	永平府人	岁贡	《民国霸县新志》《缙绅全书》《中枢备览》同治十一年秋
霸永巡检驻信安镇	张大受	广东新安人	监生	《缙绅全书》《中枢备览》同治十一年秋
知州	李秉钧	湖北汉阳人	文童	《民国霸县新志》同治十二年

职官	人名	籍贯	出身	出处及在职时间
知州	王而琨	广西永福人	贡生	《民国霸县新志》同治十二年
知州加一级	周乃大	浙江人	举人	《缙绅全书》同治十二年冬
北岸六工管河州判	李傅馨	浙江仁和人	供事	《缙绅全书》同治十二年冬
学正	王勋	广平人	举人	《缙绅全书》同治十二年冬
吏目	朱安	奉天承德人	监生	《缙绅全书》同治十二年冬
州同驻永定河	宫兆庚	山东蓬莱人	副贡	《缙绅全书》同治十二年冬
州判驻三角淀	曹澍鋐	湖北江夏人	议叙	《缙绅全书》同治十二年冬
复设训导	史聊盛	永平府人	岁贡	《民国霸县新志》《缙绅全书》同治十二年冬
霸永巡检驻信安镇	张大受	广东新安人	监生	《缙绅全书》同治十二年冬

职官	人名	籍贯	出身	出处及在职时间
知州加一级		浙江诸暨人	举人	《缙绅全书》同治十三年春
州同	宫兆庚	山东蓬莱人	副贡	《缙绅全书》同治十三年春
北岸六工管河州判	李传馨	浙江仁和人	监生	《缙绅全书》同治十三年春
州判	曹澍鋐	湖北江夏人	议叙	《缙绅全书》同治十三年春
学正	王 勋	广平人	举人	《缙绅全书》同治十三年春
复设训导	史聊盛	永平府人	岁贡	《民国霸县新志》《缙绅全书》同治十三年春
吏目	朱 安	奉天承德人	监生	《缙绅全书》同治十三年春
霸永巡检	张大受	广东新安人	监生	《缙绅全书》同治十三年春
州同	宫兆庚	山东蓬莱人	副贡	《爵秩全览》同治十三年夏

职官	人名	籍贯	出身	出处及在职时间
北岸六工管河州判	李传馨	浙江仁和人	监生	《爵秩全览》同治十三年夏
州判	曹澍鋐	湖北江夏人	议叙	《爵秩全览》同治十三年夏
学正	王勋	广平人	举人	《爵秩全览》同治十三年夏
复设训导	史聊盛	永平府人	岁贡	《民国霸县新志》《爵秩全览》同治十三年夏
吏目	朱安	奉天承德人	监生	《爵秩全览》同治十三年夏
霸永巡检	张大受	广东新安人	监生	《爵秩全览》同治十三年夏
知州加一级	宋文	奉天昌图人	贡生	《缙绅全书》同治十三年秋
州同	宫兆庚	山东蓬莱人	副贡	《缙绅全书》同治十三年秋
北岸六工管河州判	李传馨	浙江仁和人	监生	《缙绅全书》同治十三年秋

职官	人名	籍贯	出身	出处及在职时间
州判	曹澍鋐	湖北江夏人	议叙	《缙绅全书》同治十三年秋
学正	王　勋	广平人	举人	《缙绅全书》同治十三年秋
复设训导	史聊盛	永平府人	岁贡	《民国霸县新志》《缙绅全书》同治十三年秋
吏目	朱　安	奉天承德人	监生	《缙绅全书》同治十三年秋
霸永巡检	张大受	广东新安人	监生	《缙绅全书》同治十三年秋
知州加一级	宋　文	奉天昌图人	贡生	《缙绅全书》同治十三年冬
州同	宫兆庚	山东蓬莱人	副贡	《缙绅全书》同治十三年冬
北岸六工管河州判	李传馨	浙江仁和人	监生	《缙绅全书》同治十三年冬
州判	曹澍鋐	湖北江夏人	议叙	《缙绅全书》同治十三年冬

职官	人名	籍贯	出身	出处及在职时间
学正	王 勋	广平人	举人	《缙绅全书》同治十三年冬
复设训导	史聊盛	永平府人	岁贡	《民国霸县新志》《缙绅全书》同治十三年冬
吏目	朱 安	奉天承德人	监生	《缙绅全书》同治十三年冬
霸永巡检	张大受	广东新安人	监生	《缙绅全书》同治十三年冬
知州	宋 文	奉天昌图人	贡生	《爵秩全览》同治十三年冬
州同	宫兆庚	山东蓬莱人	副贡	《爵秩全览》同治十三年冬
北岸六工管河州判	李传馨	浙江仁和人	监生	《爵秩全览》同治十三年冬
州判	曹澍鋐	湖北江夏人	议叙	《爵秩全览》同治十三年冬
学正	王 勋	广平人	举人	《爵秩全览》同治十三年冬

职官	人名	籍贯	出身	出处及在职时间
复设训导	史聊盛	永平府人	岁贡	《民国霸县新志》《爵秩全览》同治十三年冬
吏目	朱 安	奉天承德人	监生	《爵秩全览》同治十三年冬
霸永巡检	张大受	广东新安人	监生	《爵秩全览》同治十三年冬
知州加一级	宋 文	奉天昌图人	贡生	《缙绅全书》《中枢备览》同治十三年冬
州同	宫兆庚	山东蓬莱人	副贡	《缙绅全书》《中枢备览》同治十三年冬
北岸六工管河州判	李传馨	浙江仁和人	监生	《缙绅全书》《中枢备览》同治十三年冬
州判	曹澍鈜	湖北江夏人	议叙	《缙绅全书》《中枢备览》同治十三年冬
学正	王 勋	广平人	举人	《缙绅全书》《中枢备览》同治十三年冬
复设训导	史聊盛	永平府人	岁贡	《民国霸县新志》《缙绅全书》《中枢备览》同治十三年冬

职官	人名	籍贯	出身	出处及在职时间
吏目	朱 安	奉天承德人	监生	《缙绅全书》《中枢备览》同治十三年冬
霸永巡检	张大受	广东新安人	监生	《缙绅全书》《中枢备览》同治十三年冬
骁骑校	多隆阿	本旗	马甲	《民国霸县新志》同治年间
防守御	连 庆	本旗	马甲	《民国霸县新志》同治年间
防守御	穆腾额	本旗	马甲	《民国霸县新志》同治年间
防尉	苏莽阿	保定府驻防	马甲	《民国霸县新志》同治年间
知州	宋 文	奉天昌图人	贡生	《爵秩全览》光绪元年夏
州同	宫兆庚	山东蓬莱人	副贡	《爵秩全览》光绪元年夏
北岸六工管河州判	李传馨	浙江仁和人	监生	《爵秩全览》光绪元年夏

职官	人名	籍贯	出身	出处及在职时间
学正	王勋	广平人	举人	《爵秩全览》光绪元年夏
复设训导	史聊盛	永平府人	岁贡	《民国霸县新志》《爵秩全览》光绪元年夏
吏目	朱安	奉天承德人	监生	《爵秩全览》光绪元年夏
霸永巡检	张大受	广东新安人	监生	《爵秩全览》光绪元年夏
知州	宋文	奉天昌图人	贡生	《爵秩全览》光绪元年秋
州同	宫兆庚	山东蓬莱人	副贡	《爵秩全览》光绪元年秋
州判	李传馨	浙江仁和人	监生	《爵秩全览》光绪元年秋
学正	王勋	广平人	举人	《爵秩全览》光绪元年秋
复设训导	史聊盛	永平府人	岁贡	《民国霸县新志》《爵秩全览》光绪元年秋

职官	人名	籍贯	出身	出处及在职时间
吏目	朱 安	奉天承德人	监生	《爵秩全览》光绪元年秋
霸永巡检	张大受	广东新安人	监生	《爵秩全览》光绪元年秋
知州加一级	宋 文	奉天昌图人	贡生	《缙绅全书》光绪二年秋
州同	宫兆庚	山东蓬莱人	副贡	《缙绅全书》光绪二年秋
北岸六工管河州判	邹 源	浙江钱塘人	监生	《缙绅全书》光绪二年秋
州判	李传馨	浙江仁和人	监生	《缙绅全书》光绪二年秋
学正	王 勋	广平人	举人	《缙绅全书》光绪二年秋
复设训导	史聊盛	永平府人	岁贡	《民国霸县新志》《缙绅全书》光绪二年秋
吏目	朱 安	奉天承德人	监生	《缙绅全书》光绪二年秋

职官	人名	籍贯	出身	出处及在职时间
霸永巡检	张大受	广东新安人	监生	《缙绅全书》光绪二年秋
知州	宋 文	奉天昌图人	贡生	《爵秩全览》光绪二年冬
北岸六工管河州判	邹 源	浙江钱塘人	监生	《爵秩全览》光绪二年冬
州判	李传馨	浙江仁和人	监生	《爵秩全览》光绪二年冬
学正	王 勋	广平人	举人	《爵秩全览》光绪二年冬
复设训导	史聊盛	永平府人	岁贡	《民国霸县新志》《爵秩全览》光绪二年冬
吏目	朱 安	奉天承德人	监生	《爵秩全览》光绪二年冬
霸永巡检	张大受	广东新安人	监生	《爵秩全览》光绪二年冬
知州加一级	宋 文	奉天昌图人	贡生	《缙绅全书》《中枢备览》光绪三年夏

职官	人名	籍贯	出身	出处及在职时间
州同	陈 枫	浙江山阴人	监生	《缙绅全书》《中枢备览》光绪三年夏
北岸六工管河州判	邹 源	浙江钱塘人	监生	《缙绅全书》《中枢备览》光绪三年夏
州判	李传馨	浙江仁和人	监生	《缙绅全书》《中枢备览》光绪三年夏
学正	王 勋	广平人	举人	《缙绅全书》《中枢备览》光绪三年夏
复设训导	史聊盛	永平府人	岁贡	《民国霸县新志》《缙绅全书》《中枢备览》光绪三年夏
吏目	朱 安	奉天承德人	监生	《缙绅全书》《中枢备览》光绪三年夏
霸永巡检	张大受	广东新安人	监生	《缙绅全书》《中枢备览》光绪三年夏
知州加一级	宋 文	奉天昌图人	贡生	《缙绅全书》光绪三年秋
州同	陈 枫	浙江山阴人	监生	《缙绅全书》光绪三年秋

职官	人名	籍贯	出身	出处及在职时间
北岸六工管河州判	邹源	浙江钱塘人	监生	《缙绅全书》光绪三年秋
州判	李传馨	浙江仁和人	监生	《缙绅全书》光绪三年秋
学正	王勋	广平人	举人	《缙绅全书》光绪三年秋
复设训导	史聊盛	永平府人	岁贡	《民国霸县新志》《缙绅全书》光绪三年秋
吏目	朱安	奉天承德人	监生	《缙绅全书》光绪三年秋
霸永巡检	张大受	广东新安人	监生	《缙绅全书》光绪三年秋
知州	宋文	奉天昌图人	贡生	《爵秩全览》光绪三年冬
州同	陈枫	浙江山阴人	监生	《爵秩全览》光绪三年冬
北岸六工管河州判	邹源	浙江钱塘人	监生	《爵秩全览》光绪三年冬

职官	人名	籍贯	出身	出处及在职时间
州判	李传馨	浙江仁和人	监生	《爵秩全览》光绪三年冬
学正	王 勋	广平人	举人	《爵秩全览》光绪三年冬
复设训导	史聊盛	永平府人	岁贡	《民国霸县新志》《爵秩全览》光绪三年冬
吏目	朱 安	奉天承德人	监生	《爵秩全览》光绪三年冬
霸永巡检	张大受	广东新安人	监生	《爵秩全览》光绪三年冬
知州加一级	宋 文	奉天昌图人	贡生	《缙绅全书》《中枢备览》光绪四年秋
州同	陈 枫	浙江山阴人	监生	《缙绅全书》《中枢备览》光绪四年秋
北岸六工管河州判	邹 源	浙江钱塘人	监生	《缙绅全书》《中枢备览》光绪四年秋
州判	李传馨	浙江仁和人	监生	《缙绅全书》《中枢备览》光绪四年秋

职官	人名	籍贯	出身	出处及在职时间
学正	王 勋	广平人	举人	《缙绅全书》《中枢备览》光绪四年秋
复设训导	史聊盛	永平府人	岁贡	《民国霸县新志》《缙绅全书》《中枢备览》光绪四年秋
吏目	朱 安	奉天承德人	监生	《缙绅全书》《中枢备览》光绪四年秋
霸永巡检	张大受	广东新安人	监生	《缙绅全书》《中枢备览》光绪四年秋
知州	宋 文	奉天昌图人	贡生	《爵秩全览》光绪四年冬
州同	陈 枫	浙江山阴人	监生	《爵秩全览》光绪四年冬
北岸六工管河州判	邹 源	浙江钱塘人	监生	《爵秩全览》光绪四年冬
州判	李传馨	浙江仁和人	监生	《爵秩全览》光绪四年冬
学正	王 勋	广平人	举人	《爵秩全览》光绪四年冬

职官	人名	籍贯	出身	出处及在职时间
复设训导	史聊盛	永平府人	岁贡	《民国霸县新志》《爵秩全览》光绪四年冬
吏目	朱安	奉天承德人	监生	《爵秩全览》光绪四年冬
霸永巡检	张大受	广东新安人	监生	《爵秩全览》光绪四年冬
知州	蒋儒修	江苏无锡人	监生	《民国霸县新志》光绪五年
知州加一级	宋文	奉天昌图人	贡生	《缙绅全书》光绪五年春
州同	陈枫	浙江山阴人	监生	《缙绅全书》光绪五年春
北岸六工管河州判	邹源	浙江钱塘人	监生	《缙绅全书》光绪五年春
州判	李传馨	浙江仁和人	监生	《缙绅全书》光绪五年春

职官	人名	籍贯	出身	出处及在职时间
学正	王勋	广平人	举人	《缙绅全书》光绪五年春
复设训导	史聊盛	永平府人	岁贡	《民国霸县新志》《缙绅全书》光绪五年春
吏目	朱安	奉天承德人	监生	《缙绅全书》光绪五年春
霸永巡检	张大受	广东新安人	监生	《缙绅全书》光绪五年春
知州加一级	宋文	奉天昌图人	贡生	《缙绅全书》光绪五年秋
州同	陈枫	浙江山阴人	监生	《缙绅全书》光绪五年秋
北岸六工管河州判	潘拱辰	奉天宁远人	廪贡	《缙绅全书》光绪五年秋
州判	钱承禧	浙江山阴人	监生	《缙绅全书》光绪五年秋

职官	人名	籍贯	出身	出处及在职时间
学正	王 勋	广平人	举人	《缙绅全书》光绪五年秋
复设训导	史聊盛	永平府人	岁贡	《民国霸县新志》《缙绅全书》光绪五年秋
吏目	朱 安	奉天承德人	监生	《缙绅全书》光绪五年秋
霸永巡检	张大受	广东新安人	监生	《缙绅全书》光绪五年秋
知州加一级	宋 文	奉天昌图人	贡生	《缙绅全书》《中枢备览》光绪五年冬
州同	陈 枫	浙江山阴人	监生	《缙绅全书》《中枢备览》光绪五年冬
北岸六工管河州判	潘拱辰	奉天宁远人	廪贡	《缙绅全书》《中枢备览》光绪五年冬
州判	钱承禧	浙江山阴人	监生	《缙绅全书》《中枢备览》光绪五年冬

职官	人名	籍贯	出身	出处及在职时间
学正	王 勋	广平人	举人	《缙绅全书》《中枢备览》光绪五年冬
复设训导	史聊盛	永平府人	岁贡	《民国霸县新志》《缙绅全书》《中枢备览》光绪五年冬
吏目	朱 安	奉天承德人	监生	《缙绅全书》《中枢备览》光绪五年冬
霸永巡检	张大受	广东新安人	监生	《缙绅全书》《中枢备览》光绪五年冬
知州	刘中翰	山东人	拔贡	《民国霸县新志》光绪七年
知州加一级	宋 文	奉天昌图人	贡生	《缙绅全书》光绪七年春
州同	陈 枫	浙江山阴人	监生	《缙绅全书》光绪七年春
北岸六工管河州判	潘拱辰	奉天宁远人	廪贡	《缙绅全书》光绪七年春

职官	人名	籍贯	出身	出处及在职时间
州判	钱承禧	浙江山阴人	监生	《缙绅全书》光绪七年春
学正	王勋	广平人	举人	《缙绅全书》光绪七年春
复设训导	史聊盛	永平府人	岁贡	《民国霸县新志》《缙绅全书》光绪七年春
吏目	朱安	奉天承德人	监生	《缙绅全书》光绪七年春
霸永巡检	张大受	奉天新民人	监生	《缙绅全书》光绪七年春
州同	茅光耀	浙江山阴人	监生	《爵秩全览》光绪七年冬
北岸六工管河州判	潘拱辰	奉天宁远人	廪贡	《爵秩全览》光绪七年冬
州判	钱承禧	浙江山阴人	监生	《爵秩全览》光绪七年冬

职官	人名	籍贯	出身	出处及在职时间
学正	王勋	广平人	举人	《爵秩全览》光绪七年冬
复设训导	史聊盛	永平府人	岁贡	《民国霸县新志》《爵秩全览》光绪七年冬
吏目	朱安	奉天承德人	监生	《爵秩全览》光绪七年冬
霸永巡检	张大受	奉天新民人	监生	《爵秩全览》光绪七年冬
知州加一级	宋文	奉天昌图人	贡生	《缙绅全书》光绪七年冬
州同	茅光耀	浙江山阴人	监生	《缙绅全书》光绪七年冬
北岸六工管河州判	潘拱辰	奉天宁远人	廪贡	《缙绅全书》光绪七年冬
州判	钱承禧	浙江山阴人	监生	《缙绅全书》光绪七年冬

职官	人名	籍贯	出身	出处及在职时间
学正	王 勋	广平人	举人	《缙绅全书》光绪七年冬
复设训导	史聊盛	永平府人	岁贡	《民国霸县新志》《缙绅全书》光绪七年冬
吏目	朱 安	奉天承德人	监生	《缙绅全书》光绪七年冬
霸永巡检	张大受	广东新安人	监生	《缙绅全书》光绪七年冬
知州加一级	蒋儒修	江苏无锡人	监生	《民国霸县新志》《缙绅全书》光绪八年冬
备注：《民国霸县新志》载其为光绪五年任知州。				
州同	茅光耀	浙江山阴人	监生	《缙绅全书》光绪八年冬
北岸六工管河州判	潘拱辰	奉天宁远人	廪贡	《缙绅全书》光绪八年冬

职官	人名	籍贯	出身	出处及在职时间
州判	钱承禧	浙江山阴人	监生	《缙绅全书》光绪八年冬
学正	姚振铎	汉军正白旗人	举人	《缙绅全书》光绪八年冬
复设训导	史聊盛	永平府人	岁贡	《民国霸县新志》《缙绅全书》光绪八年冬
吏目	朱安	奉天承德人	监生	《缙绅全书》光绪八年冬
霸永巡检	张大受	广东新安人	监生	《缙绅全书》光绪八年冬
知州	陈鸿保	浙江海昌人	举人	《民国霸县新志》光绪十年
知州	蒋儒修	江苏无锡人	监生	《爵秩全览》光绪十年夏
州同	茅光耀	浙江山阴人	监生	《爵秩全览》光绪十年夏

职官	人名	籍贯	出身	出处及在职时间
北岸六工管河州判	潘拱辰	奉天宁远人	廪贡	《爵秩全览》光绪十年夏
州判	钱承禧	浙江山阴人	监生	《爵秩全览》光绪十年夏
学正	姚振铎	汉军正白旗人	举人	《爵秩全览》光绪十年夏
复设训导	史聊盛	永平府人	岁贡	《民国霸县新志》《爵秩全览》光绪十年夏
霸永巡检	张大受	广东新安人	监生	《爵秩全览》光绪十年夏
知州	蒋儒修	江苏无锡人	监生	《爵秩全览》光绪十年秋
州同	章兆容	安徽桐城县人	监生	《爵秩全览》光绪十年秋
北岸六工管河州判	潘拱辰	奉天宁远人	廪贡	《爵秩全览》光绪十年秋

职官	人名	籍贯	出身	出处及在职时间
州判	钱承禧	浙江山阴人	监生	《爵秩全览》光绪十年秋
学正	姚振铎	汉军正白旗人	举人	《爵秩全览》光绪十年秋
复设训导	史聊盛	永平府人	岁贡	《民国霸县新志》《爵秩全览》光绪十年秋
霸永巡检	张大受	广东新安人	监生	《爵秩全览》光绪十年秋
吏目	马维霖	江苏吴县人	供事	《民国霸县新志》光绪十一年
知州	蒋儒修	江苏无锡人	监生	《爵秩全览》光绪十一年春
州同	章兆容	安徽桐城县人	监生	《爵秩全览》光绪十一年春
北岸六工管河州判	潘拱辰	奉天宁远人	廪贡	《爵秩全览》光绪十一年春

职官	人名	籍贯	出身	出处及在职时间
州判	钱承禧	浙江山阴人	监生	《爵秩全览》光绪十一年春
学正	姚振铎	汉军正白旗人	举人	《爵秩全览》光绪十一年春
复设训导	史聊盛	永平府人	岁贡	《民国霸县新志》《爵秩全览》光绪十一年春
吏目	于 桐	浙江山阴人	监生	《爵秩全览》光绪十一年春
霸永巡检	张大受	广东新安人	监生	《爵秩全览》光绪十一年春
知州	蒋儒修	江苏无锡人	监生	《爵秩全览》光绪十一年夏
州同	章兆容	安徽桐城县人	监生	《爵秩全览》光绪十一年夏
北岸六工管河州判	潘拱辰	奉天宁远人	廪贡	《爵秩全览》光绪十一年夏

职官	人名	籍贯	出身	出处及在职时间
州判	钱承禧	浙江山阴人	监生	《爵秩全览》光绪十一年夏
学正	姚振铎	汉军正白旗人	举人	《爵秩全览》光绪十一年夏
复设训导	史聊盛	永平府人	岁贡	《民国霸县新志》《爵秩全览》光绪十一年夏
吏目	于 桐	浙江山阴人	监生	《爵秩全览》光绪十一年夏
霸永巡检	张大受	广东新安人	监生	《爵秩全览》光绪十一年夏
州同	章兆容	安徽桐城县人	监生	《爵秩全览》光绪十一年秋
州判	钱承禧	浙江山阴人	监生	《爵秩全览》光绪十一年秋
学正	姚振铎	汉军正白旗人	举人	《爵秩全览》光绪十一年秋

职官	人名	籍贯	出身	出处及在职时间
复设训导	史聊盛	永平府人	岁贡	《民国霸县新志》《爵秩全览》光绪十一年秋
吏目	于 桐	浙江山阴人	监生	《爵秩全览》光绪十一年秋
霸永巡检	张大受	广东新安人	监生	《爵秩全览》光绪十一年秋
知州	沈宗谟	浙江钱塘人	监生	《民国霸县新志》《爵秩全览》光绪十二年夏
备注：《民国霸县新志》载其出身为恩荫。				
州同驻永定河	李傅馨	浙江仁和人	监生	《爵秩全览》光绪十二年夏
州判驻三角淀	钱承禧	浙江山阴人	监生	《爵秩全览》光绪十二年夏
北岸六工管河州判	周蓉第	浙江仁和人	监生	《爵秩全览》光绪十二年夏

职官	人名	籍贯	出身	出处及在职时间
学正	姚振铎	汉军正白旗人	举人	《爵秩全览》光绪十二年夏
复设训导	史聊盛	永平府人	岁贡	《民国霸县新志》《爵秩全览》光绪十二年夏
霸永巡检	张大受	广东新安人	监生	《爵秩全览》光绪十二年夏
吏目	于 桐	浙江山阴人	监生	《爵秩全览》光绪十二年夏
知州	沈宗谟	浙江钱塘人	监生	《缙绅全书》光绪十二年秋
州同驻永定河	李傅馨	浙江仁和人	监生	《缙绅全书》光绪十二年秋
州判驻三角淀	钱承禧	浙江山阴人	监生	《缙绅全书》光绪十二年秋
北岸六工管河州判	周蓉第	浙江仁和人	监生	《缙绅全书》光绪十二年秋

职官	人名	籍贯	出身	出处及在职时间
学正	姚振铎	汉军正白旗人	举人	《缙绅全书》光绪十二年秋
复设训导	史聊盛	永平府人	岁贡	《民国霸县新志》《缙绅全书》光绪十二年秋
霸永巡检驻信安镇	张大受	广东新安人	监生	《缙绅全书》光绪十二年秋
吏目	于桐	浙江山阴人	监生	《缙绅全书》光绪十二年秋
知州	沈宗谟	浙江钱塘人	监生	《爵秩全览》光绪十三年春
州同驻永定河	李傅馨	浙江仁和人	监生	《爵秩全览》光绪十三年春
州判驻三角淀	张大经	奉天宁远州人	监生	《爵秩全览》光绪十三年春
北岸六工管河州判	周蓉第	浙江仁和人	监生	《爵秩全览》光绪十三年春

职官	人名	籍贯	出身	出处及在职时间
学正	姚振铎	汉军正白旗人	举人	《爵秩全览》光绪十三年春
复设训导	史聊盛	永平府人	岁贡	《民国霸县新志》《爵秩全览》光绪十三年春
霸永巡检	张大受	广东新安人	监生	《爵秩全览》光绪十三年春
知州	沈宗谟	浙江钱塘人	监生	《缙绅全书》《中枢备览》光绪十三年夏
州同驻永定河	李傅馨	浙江仁和人	监生	《缙绅全书》《中枢备览》光绪十三年夏
州判驻三角淀	吴宗麒	奉天锦县人	监生	《缙绅全书》《中枢备览》光绪十三年夏
吏目	张大经	奉天宁远州人	监生	《民国霸县新志》《缙绅全书》《中枢备览》光绪十三年夏
北岸六工管河州判	周蓉第	浙江仁和人	监生	《缙绅全书》《中枢备览》光绪十三年夏

职官	人名	籍贯	出身	出处及在职时间
学正	姚振铎	汉军正白旗人	举人	《缙绅全书》《中枢备览》光绪十三年夏
复设训导	史聊盛	永平府人	岁贡	《民国霸县新志》《缙绅全书》《中枢备览》光绪十三年夏
霸永巡检驻信安镇	张大受	广东新安人	监生	《缙绅全书》《中枢备览》光绪十三年夏
知州	沈宗谟	浙江钱塘人	监生	《缙绅全书》光绪十三年冬
州同驻永定河	李傅馨	浙江仁和人	监生	《缙绅全书》光绪十三年冬
吏目	张大经	奉天宁远州人	监生	《民国霸县新志》《缙绅全书》光绪十三年冬
北岸六工管河州判	周蓉第	浙江仁和人	监生	《缙绅全书》光绪十三年冬
学正	姚振铎	汉军正白旗人	举人	《缙绅全书》光绪十三年冬

职官	人名	籍贯	出身	出处及在职时间
复设训导	史聊盛	永平府人	岁贡	《民国霸县新志》《缙绅全书》光绪十三年冬
霸永巡检驻信安镇	张大受	广东新安人	监生	《缙绅全书》光绪十三年冬
州判驻三角淀	吴宗麒	奉天锦县人	监生	《缙绅全书》光绪十三年冬
知州	沈宗谟	浙江钱塘人	监生	《缙绅全书》光绪十四年夏
州同驻永定河	李傅馨	浙江仁和人	监生	《缙绅全书》光绪十四年夏
吏目	张大经	奉天宁远州人	监生	《民国霸县新志》《缙绅全书》光绪十四年夏
北岸六工管河州判	周蓉第	浙江仁和人	监生	《缙绅全书》光绪十四年夏
学正	姚振铎	汉军正白旗人	举人	《缙绅全书》光绪十四年夏

职官	人名	籍贯	出身	出处及在职时间
复设训导	史聊盛	永平府人	岁贡	《民国霸县新志》《缙绅全书》光绪十四年夏
霸永巡检驻信安镇	张大受	广东新安人	监生	《缙绅全书》光绪十四年夏
州判驻三角淀	吴宗麒	奉天锦县人	监生	《缙绅全书》光绪十四年夏
知州	沈宗谟	浙江钱塘人	监生	《爵秩全览》光绪十四年冬
州同驻永定河	李傅馨	浙江仁和人	监生	《爵秩全览》光绪十四年冬
吏目	张大经	奉天宁远州人	监生	《民国霸县新志》《爵秩全览》光绪十四年冬
北岸六工管河州判	周蓉第	浙江仁和人	监生	《爵秩全览》光绪十四年冬
学正	姚振铎	汉军正白旗人	举人	《爵秩全览》光绪十四年冬

职官	人名	籍贯	出身	出处及在职时间
复设训导	孟桂馥	遵化州人	廪贡	《爵秩全览》光绪十四年冬
霸永巡检	张大受	广东新安人	监生	《爵秩全览》光绪十四年冬
州判驻三角淀	吴宗麒	奉天锦县人	监生	《爵秩全览》光绪十四年冬
知州	沈宗谟	浙江钱塘人	监生	《爵秩全览》光绪十五年夏
州同驻永定河	李傅馨	浙江仁和人	监生	《爵秩全览》光绪十五年夏
吏目	张大经	奉天宁远州人	监生	《民国霸县新志》《爵秩全览》光绪十五年夏
北岸六工管河州判	周蓉第	浙江仁和人	监生	《爵秩全览》光绪十五年夏
学正	姚振铎	汉军正白旗人	举人	《爵秩全览》光绪十五年夏

职官	人名	籍贯	出身	出处及在职时间
复设训导	孟桂馥	遵化州人	廪贡	《爵秩全览》光绪十五年夏
霸永巡检	顾懋楷	浙江山阴县人	监生	《爵秩全览》光绪十五年夏
州判驻三角淀	吴宗麒	奉天锦县人	监生	《爵秩全览》光绪十五年夏
知州	沈宗谟	浙江钱塘人	监生	《爵秩全览》光绪十五年秋
吏目	张大经	奉天宁远州人	监生	《民国霸县新志》《爵秩全览》光绪十五年秋
北岸六工管河州判	周蓉第	浙江仁和人	监生	《爵秩全览》光绪十五年秋
学正	姚振铎	汉军正白旗人	举人	《爵秩全览》光绪十五年秋
复设训导	孟桂馥	遵化州人	廪贡	《爵秩全览》光绪十五年秋

职官	人名	籍贯	出身	出处及在职时间
霸永巡检	顾懋楷	浙江山阴县人	监生	《爵秩全览》光绪十五年秋
州判驻三角淀	吴宗麒	奉天锦县人	监生	《爵秩全览》光绪十五年秋
知州	沈宗谟	浙江钱塘人	监生	《爵秩全览》光绪十五年冬
学正	姚振铎	汉军正白旗人	举人	《爵秩全览》光绪十五年冬
霸永巡检驻信安镇	顾懋楷	浙江山阴人	监生	《爵秩全览》光绪十五年冬
州同驻永定河	周蓉第	浙江仁和人	监生	《爵秩全览》光绪十五年冬
复设训导	孟桂馥	遵化州人	廪贡	《爵秩全览》光绪十五年冬
吏目	张大经	奉天宁远州人	监生	《民国霸县新志》《爵秩全览》光绪十五年冬

职官	人名	籍贯	出身	出处及在职时间
知州	沈宗谟	浙江钱塘人	监生	《缙绅全书》光绪十六年春
州判驻三角淀	张庆平	浙江山阴人	监生	《缙绅全书》光绪十六年春
学正	姚振铎	汉军正白旗人	举人	《缙绅全书》光绪十六年春
霸永巡检驻信安镇	顾懋楷	浙江山阴人	监生	《缙绅全书》光绪十六年春
州同驻永定河	周蓉第	浙江仁和人	监生	《缙绅全书》光绪十六年春
北岸六工管河州判	唐照	江苏江都人	监生	《缙绅全书》光绪十六年春
复设训导	孔宪堃	河间人	增贡	《缙绅全书》光绪十六年春
吏目	张大经	奉天宁远州人	监生	《民国霸县新志》《缙绅全书》光绪十六年春
知州	沈宗谟	浙江钱塘人	监生	《缙绅全书》光绪十六年冬

职官	人名	籍贯	出身	出处及在职时间
州判驻三角淀	张庆平	浙江山阴人	监生	《缙绅全书》光绪十六年冬
学正	姚振铎	汉军正白旗人	举人	《缙绅全书》光绪十六年冬
霸永巡检驻信安镇	顾懋楷	浙江山阴人	监生	《缙绅全书》光绪十六年冬
州同驻永定河	周蓉第	浙江仁和人	监生	《缙绅全书》光绪十六年冬
北岸六工管河州判	唐照	江苏江都人	监生	《缙绅全书》光绪十六年冬
复设训导	宋得中	顺德府人	廪贡	《民国霸县新志》《缙绅全书》光绪十六年冬
吏目	张大经	奉天宁远州人	监生	《民国霸县新志》《缙绅全书》光绪十六年冬
知州	孟丕振	山西人	监生	《民国霸县新志》光绪十八年
知州	沈宗谟	浙江钱塘人	监生	《爵秩全览》光绪十八年春

职官	人名	籍贯	出身	出处及在职时间
州判驻三角淀	张庆平	浙江山阴人	监生	《爵秩全览》光绪十八年春
学正	姚振铎	汉军正白旗人	举人	《爵秩全览》光绪十八年春
霸永巡检驻信安镇	顾懋楷	浙江山阴人	监生	《爵秩全览》光绪十八年春
州同驻永定河	周蓉第	浙江仁和人	监生	《爵秩全览》光绪十八年春
北岸六工管河州判	唐照	江苏江都人	监生	《爵秩全览》光绪十八年春
复设训导	宋得中	顺德府人	廪贡	《民国霸县新志》《爵秩全览》光绪十八年春
吏目	张大经	奉天宁远州人	监生	《民国霸县新志》《爵秩全览》光绪十八年春
知州	沈宗谟	浙江钱塘人	监生	《爵秩全览》光绪十八年秋
州判驻三角淀	张庆平	浙江山阴人	监生	《爵秩全览》光绪十八年秋

职官	人名	籍贯	出身	出处及在职时间
学正	姚振铎	汉军正白旗人	举人	《爵秩全览》光绪十八年秋
霸永巡检驻信安镇	顾懋楷	浙江山阴人	监生	《爵秩全览》光绪十八年秋
州同驻永定河	周蓉第	浙江仁和人	监生	《爵秩全览》光绪十八年秋
北岸六工管河州判	唐照	江苏江都人	监生	《爵秩全览》光绪十八年秋
复设训导	宋得中	顺德府人	廪贡	《民国霸县新志》《爵秩全览》光绪十八年秋
吏目	张大经	奉天宁远州人	监生	《民国霸县新志》《爵秩全览》光绪十八年秋
知州	沈宗谟	浙江钱塘人	监生	《爵秩全览》光绪十八年冬
州判驻三角淀	张庆平	浙江山阴人	监生	《爵秩全览》光绪十八年冬
学正	姚振铎	汉军正白旗人	举人	《爵秩全览》光绪十八年冬

职官	人名	籍贯	出身	出处及在职时间
霸永巡检驻信安镇	顾懋楷	浙江山阴人	监生	《爵秩全览》光绪十八年冬
州同驻永定河	周蓉第	浙江仁和人	监生	《爵秩全览》光绪十八年冬
北岸六工管河州判	唐照	江苏江都人	监生	《爵秩全览》光绪十八年冬
复设训导	宋得中	顺德府人	廪贡	《民国霸县新志》《爵秩全览》光绪十八年冬
吏目	张大经	奉天宁远州人	监生	《民国霸县新志》《爵秩全览》光绪十八年冬
知州	王言昌	云南昆明人	举人	《民国霸县新志》光绪十九年
知州	沈宗谟	浙江钱塘人	监生	《缙绅全书》光绪十九年春
州判驻三角淀	张庆平	浙江山阴人	监生	《缙绅全书》光绪十九年春
学正	姚振铎	汉军正白旗人	举人	《缙绅全书》光绪十九年春

职官	人名	籍贯	出身	出处及在职时间
霸永巡检驻信安镇	顾懋楷	浙江山阴人	监生	《缙绅全书》光绪十九年春
州同驻永定河	周蓉第	浙江仁和人	监生	《缙绅全书》光绪十九年春
北岸六工管河州判		江苏江都人	监生	《缙绅全书》光绪十九年春
复设训导	宋得中	顺德府人	廪贡	《民国霸县新志》《缙绅全书》光绪十九年春
吏目	张大经	奉天宁远州人	监生	《民国霸县新志》《缙绅全书》光绪十九年春
知州	沈宗谟	浙江钱塘人	监生	《爵秩全览》光绪十九年夏
州判驻三角淀	张庆平	浙江山阴人	监生	《爵秩全览》光绪十九年夏
学正	姚振铎	汉军正白旗人	举人	《爵秩全览》光绪十九年夏
霸永巡检驻信安镇	顾懋楷	浙江山阴人	监生	《爵秩全览》光绪十九年夏

职官	人名	籍贯	出身	出处及在职时间
州同驻永定河	周蓉第	浙江仁和人	监生	《爵秩全览》光绪十九年夏
复设训导	宋得中	顺德府人	廪贡	《民国霸县新志》《爵秩全览》光绪十九年夏
吏目	张大经	奉天宁远州人	监生	《民国霸县新志》《爵秩全览》光绪十九年夏
知州	沈宗谟	浙江钱塘人	监生	《爵秩全览》光绪十九年秋
州同驻永定河	周蓉第	浙江仁和人	监生	《爵秩全览》光绪十九年秋
州判驻三角淀	张庆平	浙江山阴人	监生	《爵秩全览》光绪十九年秋
北岸六工管河州判	陈凤翔	江苏江宁人	附贡	《爵秩全览》光绪十九年秋
学正	姚振铎	汉军正白旗人	举人	《爵秩全览》光绪十九年秋

职官	人名	籍贯	出身	出处及在职时间
复设训导	宋得中	顺德府人	廪贡	《民国霸县新志》《爵秩全览》光绪十九年秋
霸永巡检	顾懋楷	浙江山阴人	监生	《爵秩全览》光绪十九年秋
吏目	张大经	奉天宁远州人	监生	《民国霸县新志》《爵秩全览》光绪十九年秋
知州	沈宗谟	浙江钱塘人	监生	《爵秩全览》光绪十九年秋
州同驻永定河	张庆平	浙江山阴人	监生	《爵秩全览》光绪十九年秋
州判驻三角淀		浙江山阴人	监生	《爵秩全览》光绪十九年秋
北岸六工管河州判		江苏江宁人	附贡	《爵秩全览》光绪十九年秋
学正	姚振铎	汉军正白旗人	举人	《爵秩全览》光绪十九年秋

职官	人名	籍贯	出身	出处及在职时间
复设训导	宋得中	顺德府人	廪贡	《民国霸县新志》《爵秩全览》光绪十九年秋
霸永巡检驻信安镇	顾懋楷	浙江山阴人	监生	《爵秩全览》光绪十九年秋
吏目	张大经	奉天宁远州人	监生	《民国霸县新志》《爵秩全览》光绪十九年秋
知州	沈宗谟	浙江钱塘人	监生	《爵秩全览》光绪十九年冬
州判驻三角淀	张庆平	浙江山阴人	监生	《爵秩全览》光绪十九年冬
北岸六工管河州判	陈凤翔	江苏江宁人	附贡	《爵秩全览》光绪十九年冬
学正	姚振铎	汉军正白旗人	举人	《爵秩全览》光绪十九年冬
复设训导	宋得中	顺德府人	廪贡	《民国霸县新志》《爵秩全览》光绪十九年冬

职官	人名	籍贯	出身	出处及在职时间
霸永巡检	顾懋楷	浙江山阴人	监生	《爵秩全览》光绪十九年冬
吏目	张大经	奉天宁远州人	监生	《民国霸县新志》《爵秩全览》光绪十九年冬
知州	沈宗谟	浙江钱塘人	监生	《爵秩全览》光绪十九年冬
州同驻永定河	张庆平	浙江山阴人	监生	《爵秩全览》光绪十九年冬
州判驻三角淀	翟鼎升	山东淄川人	供事	《爵秩全览》光绪十九年冬
学正	姚振铎	汉军正白旗人	举人	《爵秩全览》光绪十九年冬
复设训导	宋得中	顺德府人	廪贡	《民国霸县新志》《爵秩全览》光绪十九年冬
霸永巡检驻信安镇	顾懋楷	浙江山阴人	监生	《爵秩全览》光绪十九年冬

职官	人名	籍贯	出身	出处及在职时间
吏目	张大经	奉天宁远州人	监生	《民国霸县新志》《爵秩全览》光绪十九年冬
知州	沈宗谟	浙江钱塘人	监生	《爵秩全览》光绪二十年秋
州同驻永定河	张庆平	浙江山阴人	监生	《爵秩全览》光绪二十年秋
州判驻三角淀	翟鼎升	山东淄川人	供事	《爵秩全览》光绪二十年秋
学正	姚振铎	汉军正白旗人	举人	《爵秩全览》光绪二十年秋
复设训导	宋得中	顺德府人	廪贡	《民国霸县新志》《爵秩全览》光绪二十年秋
霸永巡检	顾懋楷	浙江山阴人	监生	《爵秩全览》光绪二十年秋
吏目	张大经	奉天宁远州人	监生	《民国霸县新志》《爵秩全览》光绪二十年秋
知州	沈宗谟	浙江钱塘人	监生	《爵秩全览》光绪二十年秋

职官	人名	籍贯	出身	出处及在职时间
州同驻永定河	张庆平	浙江山阴人	监生	《爵秩全览》光绪二十年秋
州判驻三角淀	潘 煜	浙江山阴人	供事	《爵秩全览》光绪二十年秋
北岸六工管河州判	陈麓生	浙江仁和人	监生	《爵秩全览》光绪二十年秋
学正	姚振铎	汉军正白旗人	举人	《爵秩全览》光绪二十年秋
复设训导	宋得中	顺德府人	廪贡	《民国霸县新志》《爵秩全览》光绪二十年秋
霸永巡检	顾懋楷	浙江山阴人	监生	《爵秩全览》光绪二十年秋
吏目	张大经	奉天宁远州人	监生	《民国霸县新志》《爵秩全览》光绪二十年秋
知州	沈宗谟	浙江钱塘人	监生	《爵秩全览》光绪二十一年夏
州同驻永定河	张庆平	浙江山阴人	监生	《爵秩全览》光绪二十一年夏

职官	人名	籍贯	出身	出处及在职时间
州判驻三角淀	潘　煜	浙江山阴人	供事	《爵秩全览》光绪二十一年夏
北岸六工管河州判	陈麓生	浙江仁和人	监生	《爵秩全览》光绪二十一年夏
学正	姚振铎	汉军正白旗人	举人	《爵秩全览》光绪二十一年夏
复设训导	宋得中	顺德府人	廪贡	《民国霸县新志》《爵秩全览》光绪二十一年夏
霸永巡检	顾懋楷	浙江山阴人	监生	《爵秩全览》光绪二十一年夏
吏目	张大经	奉天宁远州人	监生	《民国霸县新志》《爵秩全览》光绪二十一年夏
知州	沈宗谟	浙江钱塘人	监生	《爵秩全览》光绪二十一年夏
州同驻永定河	张庆平	浙江山阴人	监生	《爵秩全览》光绪二十一年夏
州判驻三角淀	潘　煜	浙江山阴人	供事	《爵秩全览》光绪二十一年夏

职官	人名	籍贯	出身	出处及在职时间
北岸六工管河州判	陈麓生	浙江仁和人	监生	《爵秩全览》光绪二十一年夏
学正	姚振铎	汉军正白旗人	举人	《民国霸县新志》《爵秩全览》光绪二十一年夏
复设训导	宋得中	顺德府人	廪贡	《民国霸县新志》《爵秩全览》光绪二十一年夏
霸永巡检	顾懋楷	浙江山阴人	监生	《民国霸县新志》《爵秩全览》光绪二十一年夏
吏目	张大经	奉天宁远州人	监生	《爵秩全览》光绪二十一年夏
知州	沈宗谟	浙江钱塘人	监生	《缙绅全书》光绪二十一年冬
州同驻永定河	张庆平	浙江山阴人	监生	《缙绅全书》光绪二十一年冬
州判驻三角淀	潘煜	浙江山阴人	供事	《缙绅全书》光绪二十一年冬
北岸六工管河州判	陈麓生	浙江仁和人	监生	《缙绅全书》光绪二十一年冬

职官	人名	籍贯	出身	出处及在职时间
学正	姚振铎	汉军正白旗人	举人	《民国霸县新志》《缙绅全书》光绪二十一年冬
复设训导	宋得中	顺德府人	廪贡	《民国霸县新志》《缙绅全书》光绪二十一年冬
霸永巡检驻信安镇	顾懋楷	浙江山阴人	监生	《缙绅全书》光绪二十一年冬
吏目		奉天宁远人	监生	《缙绅全书》光绪二十一年冬
知州	沈宗谟	浙江钱塘人	监生	《缙绅全书》光绪二十一年冬
州同驻永定河	张庆平	浙江山阴人	监生	《缙绅全书》光绪二十一年冬
州判驻三角淀	潘　煜	浙江山阴人	供事	《缙绅全书》光绪二十一年冬
北岸六工管河州判	陈麓生	浙江仁和人	监生	《缙绅全书》光绪二十一年冬
学正	姚振铎	汉军正白旗人	举人	《民国霸县新志》《缙绅全书》光绪二十一年冬

职官	人名	籍贯	出身	出处及在职时间
复设训导	宋得中	顺德府人	廪贡	《民国霸县新志》《缙绅全书》光绪二十一年冬
霸永巡检	顾懋楷	浙江山阴人	监生	《缙绅全书》光绪二十一年冬
知州	沈宗谟	浙江钱塘人	监生	《缙绅全书》光绪二十二年春
州同驻永定河	张庆平	浙江山阴人	监生	《缙绅全书》光绪二十二年春
州判驻三角淀	潘　煜	浙江山阴人	供事	《缙绅全书》光绪二十二年春
北岸六工管河州判	陈麓生	浙江仁和人	监生	《缙绅全书》光绪二十二年春
学正	姚振铎	汉军正白旗人	举人	《民国霸县新志》《缙绅全书》光绪二十二年春
复设训导	宋得中	顺德府人	廪贡	《民国霸县新志》《缙绅全书》光绪二十二年春
霸永巡检驻信安镇	顾懋楷	浙江山阴人	监生	《缙绅全书》光绪二十二年春

职官	人名	籍贯	出身	出处及在职时间
吏目		奉天宁远人	监生	《缙绅全书》光绪二十二年春
知州	沈宗谟	浙江钱塘人	监生	《缙绅全书》光绪二十二年春
州同驻永定河	张庆平	浙江山阴人	监生	《缙绅全书》光绪二十二年春
州判驻三角淀	潘　煜	浙江山阴人	供事	《缙绅全书》光绪二十二年春
北岸六工管河州判	陈麓生	浙江仁和人	监生	《缙绅全书》光绪二十二年春
学正	姚振铎	汉军正白旗人	举人	《民国霸县新志》《缙绅全书》光绪二十二年春
复设训导	宋得中	顺德府人	廪贡	《民国霸县新志》《缙绅全书》光绪二十二年春
霸永巡检	顾懋楷	浙江山阴人	监生	《缙绅全书》光绪二十二年春
吏目	江育桐	浙江山阴人	吏员	《民国霸县新志》《缙绅全书》光绪二十二年春

职官	人名	籍贯	出身	出处及在职时间
知州	沈宗谟	浙江钱塘人	监生	《爵秩全览》光绪二十二年秋
州同驻永定河	张庆平	浙江山阴人	监生	《爵秩全览》光绪二十二年秋
州判驻三角淀	潘　煜	浙江山阴人	供事	《爵秩全览》光绪二十二年秋
北岸六工管河州判	陈麓生	浙江仁和人	监生	《爵秩全览》光绪二十二年秋
学正	姚振铎	汉军正白旗人	举人	《民国霸县新志》《爵秩全览》光绪二十二年秋
复设训导	宋得中	顺德府人	廪贡	《民国霸县新志》《爵秩全览》光绪二十二年秋
霸永巡检	顾懋楷	浙江山阴人	监生	《民国霸县新志》《爵秩全览》光绪二十二年秋
吏目	江育桐	浙江山阴人	吏员	《爵秩全览》光绪二十二年秋
知州	沈宗谟	浙江钱塘人	监生	《爵秩全览》光绪二十二年秋

职官	人名	籍贯	出身	出处及在职时间
州同驻永定河	张庆平	浙江山阴人	监生	《爵秩全览》光绪二十二年秋
州判驻三角淀	潘 煜	浙江山阴人	供事	《爵秩全览》光绪二十二年秋
北岸六工管河州判	陈麓生	浙江仁和人	监生	《爵秩全览》光绪二十二年秋
学正	姚振铎	汉军正白旗人	举人	《民国霸县新志》《爵秩全览》光绪二十二年秋
复设训导	宋得中	顺德府人	廪贡	《民国霸县新志》《爵秩全览》光绪二十二年秋
霸永巡检	顾懋楷	浙江山阴人	监生	《民国霸县新志》《爵秩全览》光绪二十二年秋
吏目	江育桐	浙江山阴人	吏员	《爵秩全览》光绪二十二年秋
知州	徐国贞	江苏吴县人	供事	《民国霸县新志》光绪二十三年
知州	沈宗谟	浙江钱塘人	监生	《爵秩全览》光绪二十三年夏

职官	人名	籍贯	出身	出处及在职时间
州同驻永定河	张庆平	浙江山阴人	监生	《爵秩全览》光绪二十三年夏
州判驻三角淀	潘 煜	浙江山阴人	供事	《爵秩全览》光绪二十三年夏
北岸六工管河州判	陈麓生	浙江仁和人	监生	《爵秩全览》光绪二十三年夏
学正	姚振铎	汉军正白旗人	举人	《爵秩全览》光绪二十三年夏
复设训导	宋得中	顺德府人	廪贡	《民国霸县新志》《爵秩全览》光绪二十三年夏
霸永巡检	顾懋楷	浙江山阴人	监生	《民国霸县新志》《爵秩全览》光绪二十三年夏
吏目	江育桐	浙江山阴人	吏员	《爵秩全览》光绪二十三年夏
知州	沈宗谟	浙江钱塘人	监生	《爵秩全览》光绪二十三年夏
州同驻永定河	张庆平	浙江山阴人	监生	《爵秩全览》光绪二十三年夏

职官	人名	籍贯	出身	出处及在职时间
州判驻三角淀	潘 煜	浙江山阴人	供事	《爵秩全览》光绪二十三年夏
北岸六工管河州判	陈麓生	浙江仁和人	监生	《爵秩全览》光绪二十三年夏
学正	姚振铎	汉军正白旗人	举人	《爵秩全览》光绪二十三年夏
复设训导	宋得中	顺德府人	廪贡	《民国霸县新志》《爵秩全览》光绪二十三年夏
霸永巡检驻信安镇	顾懋楷	浙江山阴人	监生	《爵秩全览》光绪二十三年夏
吏目	江育桐	浙江山阴人	吏员	《民国霸县新志》《爵秩全览》光绪二十三年夏
知州	杜承恕	山西阳曲人	供事	《爵秩全览》光绪二十三年冬
州同驻永定河	张庆平	浙江山阴人	监生	《爵秩全览》光绪二十三年冬
州判驻三角淀	潘 煜	浙江山阴人	供事	《爵秩全览》光绪二十三年冬

职官	人名	籍贯	出身	出处及在职时间
北岸六工管河州判	陈麓生	浙江仁和人	监生	《爵秩全览》光绪二十三年冬
学正	姚振铎	汉军正白旗人	举人	《民国霸县新志》《爵秩全览》光绪二十三年冬
复设训导	宋得中	顺德府人	廪贡	《爵秩全览》光绪二十三年冬
霸永巡检	顾懋楷	浙江山阴人	监生	《民国霸县新志》《爵秩全览》光绪二十三年冬
吏目	江育桐	浙江山阴人	吏员	《爵秩全览》光绪二十三年冬
知州	鲁人瑞	江西新建人	拔贡	《民国霸县新志》光绪二十四年
知州	杜承恕	山西阳曲人	供事	《爵秩全览》光绪二十四年春
州同驻永定河	张庆平	浙江山阴人	监生	《爵秩全览》光绪二十四年春
州判驻三角淀	潘 煜	浙江山阴人	供事	《爵秩全览》光绪二十四年春

职官	人名	籍贯	出身	出处及在职时间
北岸六工管河州判	陈麓生	浙江仁和人	监生	《爵秩全览》光绪二十四年春
学正	姚振铎	汉军正白旗人	举人	《爵秩全览》光绪二十四年春
复设训导	宋得中	顺德府人	廪贡	《民国霸县新志》《爵秩全览》光绪二十四年春
霸永巡检	顾懋楷	浙江山阴人	监生	《民国霸县新志》《爵秩全览》光绪二十四年春
吏目	江育桐	浙江山阴人	吏员	《爵秩全览》光绪二十四年春
知州	杜承恕	山西阳曲人	供事	《爵秩全览》光绪二十四年秋
州同驻永定河	张庆平	浙江山阴人	监生	《爵秩全览》光绪二十四年秋
州判驻三角淀	潘煜	浙江山阴人	供事	《爵秩全览》光绪二十四年秋
北岸六工管河州判	陈麓生	浙江仁和人	监生	《爵秩全览》光绪二十四年秋

职官	人名	籍贯	出身	出处及在职时间
学正	姚振铎	汉军正白旗人	举人	《民国霸县新志》《爵秩全览》 光绪二十四年秋
复设训导	宋得中	顺德府人	廪贡	《爵秩全览》光绪二十四年秋
霸永巡检	顾懋楷	浙江山阴人	监生	《民国霸县新志》《爵秩全览》 光绪二十四年秋
吏目	江育桐	浙江山阴人	吏员	《爵秩全览》光绪二十四年秋
知州	吕品律	云南云南人	附贡	《民国霸县新志》《爵秩全览》 光绪二十四年冬
备注：《民国霸县新志》载其为云南大理人，出身为举人。				
州同驻永定河	张庆平	浙江山阴人	监生	《爵秩全览》光绪二十四年冬
州判驻三角淀	潘 煜	浙江山阴人	供事	《爵秩全览》光绪二十四年冬
北岸六工管河 州判	陈麓生	浙江仁和人	监生	《爵秩全览》光绪二十四年冬

职官	人名	籍贯	出身	出处及在职时间
学正	姚振铎	汉军正白旗人	举人	《爵秩全览》光绪二十四年冬
复设训导	宋得中	顺德府人	廪贡	《民国霸县新志》《爵秩全览》光绪二十四年冬
霸永巡检	顾懋楷	浙江山阴人	监生	《民国霸县新志》《爵秩全览》光绪二十四年冬
吏目	江育桐	浙江山阴人	吏员	《民国霸县新志》《爵秩全览》光绪二十四年冬
知州	吕品律	云南云南人	附贡	《缙绅全书》光绪二十四年冬
州同驻永定河	张庆平	浙江山阴人	监生	《缙绅全书》光绪二十四年冬
州判驻三角淀	潘 煜	浙江山阴人	供事	《缙绅全书》光绪二十四年冬
北岸六工管河州判	陈麓生	浙江仁和人	监生	《缙绅全书》光绪二十四年冬
学正	姚振铎	汉军正白旗人	举人	《民国霸县新志》《缙绅全书》光绪二十四年冬

职官	人名	籍贯	出身	出处及在职时间
复设训导	宋得中	顺德府人	廪贡	《民国霸县新志》《缙绅全书》光绪二十四年冬
霸永巡检驻信安镇	顾懋楷	浙江山阴人	监生	《缙绅全书》光绪二十四年冬
吏目	江育桐	浙江山阴人	吏员	《民国霸县新志》《缙绅全书》光绪二十四年冬
知州	郑　辅	河南祥符人	举人	《民国霸县新志》光绪二十五年
知州	吕品律	云南云南人	附贡	《民国霸县新志》《爵秩全览》光绪二十五年春
州同驻永定河	张庆平	浙江山阴人	监生	《爵秩全览》光绪二十五年春
州判驻三角淀	潘　煜	浙江山阴人	供事	《爵秩全览》光绪二十五年春
北岸六工管河州判	陈麓生	浙江仁和人	监生	《爵秩全览》光绪二十五年春
学正	姚振铎	汉军正白旗人	举人	《爵秩全览》光绪二十五年春

职官	人名	籍贯	出身	出处及在职时间
复设训导	宋得中	顺德府人	廪贡	《民国霸县新志》《爵秩全览》光绪二十五年春
霸永巡检	顾懋楷	浙江山阴人	监生	《民国霸县新志》《爵秩全览》光绪二十五年春
吏目	江育桐	浙江山阴人	吏员	《爵秩全览》光绪二十五年春
知州	吕品律	云南云南人	附贡	《民国霸县新志》《缙绅全书》《中枢备览》光绪二十五年春
州同驻永定河	张庆平	浙江山阴人	监生	《缙绅全书》《中枢备览》光绪二十五年春
州判驻三角淀	潘煜	浙江山阴人	供事	《缙绅全书》《中枢备览》光绪二十五年春
北岸六工管河州判	陈麓生	浙江仁和人	监生	《缙绅全书》《中枢备览》光绪二十五年春
学正	姚振铎	汉军正白旗人	举人	《缙绅全书》《中枢备览》光绪二十五年春
复设训导	宋得中	顺德府人	廪贡	《民国霸县新志》《缙绅全书》《中枢备览》光绪二十五年春

职官	人名	籍贯	出身	出处及在职时间
霸永巡检驻信安镇	顾懋楷	浙江山阴人	监生	《缙绅全书》《中枢备览》光绪二十五年春
吏目	江育桐	浙江山阴人	吏员	《民国霸县新志》《缙绅全书》《中枢备览》光绪二十五年春
知州	吕品律	云南云南人	附贡	《民国霸县新志》《爵秩全览》光绪二十五年夏
州同驻永定河	张庆平	浙江山阴人	监生	《爵秩全览》光绪二十五年夏
州判驻三角淀	潘 煜	浙江山阴人	供事	《爵秩全览》光绪二十五年夏
北岸六工管河州判	郑其琛	山西文水人	监生	《爵秩全览》光绪二十五年夏
学正	姚振铎	汉军正白旗人	举人	《爵秩全览》光绪二十五年夏
复设训导	纪钜维	河间府人	拔贡	《爵秩全览》光绪二十五年夏
霸永巡检驻信安镇	顾懋楷	浙江山阴人	监生	《爵秩全览》光绪二十五年夏

职官	人名	籍贯	出身	出处及在职时间
吏目	江育桐	浙江山阴人	吏员	《民国霸县新志》《爵秩全览》光绪二十五年夏
知州	吕品律	云南云南县人	附贡	《民国霸县新志》《缙绅全书》光绪二十五年夏
州判驻三角淀	潘 煜	浙江山阴人	供事	《缙绅全书》光绪二十五年夏
州同驻永定河	张庆平	浙江山阴人	监生	《缙绅全书》光绪二十五年夏
北岸六工管河州判	郑其琛	山西文水人	监生	《缙绅全书》光绪二十五年夏
学正	姚振铎	汉军正白旗人	举人	《缙绅全书》光绪二十五年夏
复设训导	纪钜维	河间人	拔贡	《缙绅全书》光绪二十五年夏
霸永巡检驻信安镇	顾懋楷	浙江山阴人	监生	《缙绅全书》光绪二十五年夏
吏目	江育桐	浙江山阴人	吏员	《民国霸县新志》《缙绅全书》光绪二十五年夏

职官	人名	籍贯	出身	出处及在职时间
知州	吕品律	云南云南县人	附贡	《民国霸县新志》《爵秩全览》光绪二十五年秋
州判驻三角淀	潘　煜	浙江山阴人	供事	《爵秩全览》光绪二十五年秋
州同驻永定河	张庆平	浙江山阴人	监生	《爵秩全览》光绪二十五年秋
北岸六工管河州判	郑其琛	山西文水人	监生	《爵秩全览》光绪二十五年秋
学正	姚振铎	汉军正白旗人	举人	《爵秩全览》光绪二十五年秋
复设训导	纪钜维	河间人	拔贡	《爵秩全览》光绪二十五年秋
霸永巡检驻信安镇	顾懋楷	浙江山阴人	监生	《爵秩全览》光绪二十五年秋
吏目	江育桐	浙江山阴人	吏员	《民国霸县新志》《爵秩全览》光绪二十五年秋
知州	吕品律	云南云南县人	附贡	《民国霸县新志》《缙绅全书》《中枢备览》光绪二十五年冬

职官	人名	籍贯	出身	出处及在职时间
州判驻三角淀	潘 煜	浙江山阴人	供事	《缙绅全书》《中枢备览》光绪二十五年冬
州同驻永定河	张庆平	浙江山阴人	监生	《缙绅全书》《中枢备览》光绪二十五年冬
北岸六工管河州判	郑其琛	山西文水人	监生	《缙绅全书》《中枢备览》光绪二十五年冬
学正	姚振铎	汉军正白旗人	举人	《缙绅全书》《中枢备览》光绪二十五年冬
复设训导	纪钜维	河间人	拔贡	《缙绅全书》《中枢备览》光绪二十五年冬
霸永巡检驻信安镇	顾懋楷	浙江山阴人	监生	《缙绅全书》《中枢备览》光绪二十五年冬
吏目	江育桐	浙江山阴人	吏员	《缙绅全书》《中枢备览》光绪二十五年冬
知州	刘于佑	湖南湘乡人	荫生	《民国霸县新志》光绪二十六年
知州	吕品律	云南云南县人	附贡	《民国霸县新志》《缙绅全书》《中枢备览》光绪二十六年春

职官	人名	籍贯	出身	出处及在职时间
州判驻三角淀	潘　煜	浙江山阴人	供事	《缙绅全书》《中枢备览》光绪二十六年春
州同驻永定河		浙江山阴人	监生	《缙绅全书》《中枢备览》光绪二十六年春
北岸六工管河州判	郑其琛	山西文水人	监生	《缙绅全书》《中枢备览》光绪二十六年春
学正	姚振铎	汉军正白旗人	举人	《缙绅全书》《中枢备览》光绪二十六年春
复设训导	王荣寿	保定人	副贡	《缙绅全书》《中枢备览》光绪二十六年春
霸永巡检驻信安镇	顾懋楷	浙江山阴人	监生	《缙绅全书》《中枢备览》光绪二十六年春
吏目	江育桐	浙江山阴人	吏员	《缙绅全书》《中枢备览》光绪二十六年春
知州	吕品律	云南云南县人	附贡	《民国霸县新志》《缙绅全书》光绪二十六年夏
州判驻三角淀	潘　煜	浙江山阴人	供事	《缙绅全书》光绪二十六年夏

职官	人名	籍贯	出身	出处及在职时间
州同驻永定河		浙江山阴人	监生	《缙绅全书》光绪二十六年夏
北岸六工管河州判	郑其琛	山西文水人	监生	《缙绅全书》光绪二十六年夏
学正	姚振铎	汉军正白旗人	举人	《缙绅全书》光绪二十六年夏
复设训导	王荣寿	保定人	副贡	《缙绅全书》光绪二十六年夏
霸永巡检驻信安镇	顾懋楷	浙江山阴人	监生	《缙绅全书》光绪二十六年夏
吏目	江育桐	浙江山阴人	吏员	《民国霸县新志》《缙绅全书》光绪二十六年夏
知州	吕品律	云南云南县人	附贡	《爵秩全览》光绪二十六年秋
州同驻永定河	潘　煜	浙江山阴人	供事	《爵秩全览》光绪二十六年秋

职官	人名	籍贯	出身	出处及在职时间
北岸六工管河州判	郑其琛	山西文水人	监生	《爵秩全览》光绪二十六年秋
学正	姚振铎	汉军正白旗人	举人	《爵秩全览》光绪二十六年秋
复设训导	王荣寿	保定人	副贡	《爵秩全览》光绪二十六年秋
霸永巡检驻信安镇	顾懋楷	浙江山阴人	监生	《爵秩全览》光绪二十六年秋
吏目	江育桐	浙江山阴人	吏员	《爵秩全览》光绪二十六年秋
知州	吕品律	云南云南县人	附贡	《民国霸县新志》《缙绅全书》光绪二十七年春
州同驻永定河	潘煜	浙江山阴人	供事	《缙绅全书》光绪二十七年春
北岸六工管河州判	郑其琛	山西文水人	监生	《缙绅全书》光绪二十七年春

职官	人名	籍贯	出身	出处及在职时间
学正	姚振铎	汉军正白旗人	举人	《缙绅全书》光绪二十七年春
复设训导	王荣寿	保定人	副贡	《缙绅全书》光绪二十七年春
霸永巡检驻信安镇	顾懋楷	浙江山阴人	监生	《缙绅全书》光绪二十七年春
吏目	江育桐	浙江山阴人	吏员	《民国霸县新志》《缙绅全书》光绪二十七年春
知州	吕品律	云南云南县人	附贡	《爵秩全览》光绪二十七年冬
州判驻三角淀	陈庆蕃	浙江钱塘人	监生	《爵秩全览》光绪二十七年冬
州同驻永定河	潘　煜	浙江山阴人	供事	《爵秩全览》光绪二十七年冬
北岸六工管河州判	郑其琛	山西文水人	监生	《爵秩全览》光绪二十七年冬
学正	姚振铎	汉军正白旗人	举人	《爵秩全览》光绪二十七年冬

职官	人名	籍贯	出身	出处及在职时间
复设训导	王荣寿	保定人	副贡	《爵秩全览》光绪二十七年冬
霸永巡检驻信安镇	顾懋楷	浙江山阴人	监生	《爵秩全览》光绪二十七年冬
吏目	江育桐	浙江山阴人	吏员	《民国霸县新志》《爵秩全览》光绪二十七年冬
知州	吕品律	云南人	附贡	《缙绅全书》《中枢备览》光绪二十七年冬
州同	潘 煜	浙江山阴人	供事	《缙绅全书》《中枢备览》光绪二十七年冬
州判	陈庆蕃	浙江钱塘人	监生	《缙绅全书》《中枢备览》光绪二十七年冬
北岸六工管河州判	郑其琛	山西文水人	监生	《缙绅全书》《中枢备览》光绪二十七年冬
学正	姚振铎	汉军正白旗人	举人	《缙绅全书》《中枢备览》光绪二十七年冬
复设训导	王荣寿	保定人	副贡	《缙绅全书》《中枢备览》光绪二十七年冬

职官	人名	籍贯	出身	出处及在职时间
霸永巡检	顾懋楷	浙江山阴人	监生	《缙绅全书》《中枢备览》光绪二十七年冬
吏目	江育桐	浙江山阴人	吏员	《缙绅全书》《中枢备览》光绪二十七年冬
霸州营守备	刘长发	安徽潜山县人	军功	《缙绅全书》《中枢备览》光绪二十七年冬
知州	吕品律	云南人	附贡	《民国霸县新志》《爵秩全览》光绪二十八年春
州同	潘 煜	浙江山阴人	供事	《爵秩全览》光绪二十八年春
州判	陈庆蕃	浙江钱塘人	监生	《爵秩全览》光绪二十八年春
北岸六工管河州判	郑其琛	山西文水人	监生	《爵秩全览》光绪二十八年春
学正	姚振铎	汉军正白旗人	举人	《爵秩全览》光绪二十八年春
复设训导	王荣寿	保定人	副贡	《爵秩全览》光绪二十八年春

职官	人名	籍贯	出身	出处及在职时间
霸永巡检	顾懋楷	浙江山阴人	监生	《爵秩全览》光绪二十八年春
吏目	江育桐	浙江山阴人	吏员	《爵秩全览》光绪二十八年春
知州	吕品律	云南人	附贡	《民国霸县新志》《缙绅全书》《中枢备览》光绪二十八年夏
州同	潘　煜	浙江山阴人	供事	《缙绅全书》《中枢备览》光绪二十八年夏
五品衔州判驻三角淀	陈庆蕃	浙江钱塘人	监生	《缙绅全书》《中枢备览》光绪二十八年夏
北岸六工管河州判	郑其琛	山西文水人	监生	《缙绅全书》《中枢备览》光绪二十八年夏
学正	姚振铎	汉军正白旗人	举人	《缙绅全书》《中枢备览》光绪二十八年夏
复设训导	王荣寿	保定人	副贡	《缙绅全书》《中枢备览》光绪二十八年夏
霸永巡检	顾懋楷	浙江山阴人	监生	《缙绅全书》《中枢备览》光绪二十八年夏

职官	人名	籍贯	出身	出处及在职时间
吏目	江育桐	浙江山阴人	吏员	《缙绅全书》《中枢备览》光绪二十八年夏
霸州营守备	刘长发	安徽潜山县人	军功	《缙绅全书》《中枢备览》光绪二十八年夏
知州	吕品律	云南人	附贡	《民国霸县新志》《爵秩全览》光绪二十八年秋
州同	潘 煜	浙江山阴人	供事	《爵秩全览》光绪二十八年秋
州判	陈庆蕃	浙江钱塘人	监生	《爵秩全览》光绪二十八年秋
北岸六工管河州判	郑其琛	山西文水人	监生	《爵秩全览》光绪二十八年秋
学正	姚振铎	汉军正白旗人	举人	《爵秩全览》光绪二十八年秋
复设训导	王荣寿	保定人	副贡	《爵秩全览》光绪二十八年秋
霸永巡检	顾懋楷	浙江山阴人	监生	《爵秩全览》光绪二十八年秋

职官	人名	籍贯	出身	出处及在职时间
吏目	江育桐	浙江山阴人	吏员	《爵秩全览》光绪二十八年秋
霸州营守备	宋邦凤	山东平原县人	军功	《缙绅全书》《中枢备览》光绪二十八年秋
知州	吕品律	云南人	附贡	《民国霸县新志》《缙绅全书》《中枢备览》光绪二十八年冬
州同	潘 煜	浙江山阴人	供事	《缙绅全书》《中枢备览》光绪二十八年冬
州判	陈庆蕃	浙江钱塘人	监生	《缙绅全书》《中枢备览》光绪二十八年冬
北岸六工管河州判	郑其琛	山西文水人	监生	《缙绅全书》《中枢备览》光绪二十八年冬
学正	孙 植	河间人	举人	《缙绅全书》《中枢备览》光绪二十八年冬
复设训导	王荣寿	保定人	副贡	《缙绅全书》《中枢备览》光绪二十八年冬
霸永巡检	顾懋楷	浙江山阴人	监生	《缙绅全书》《中枢备览》光绪二十八年冬

职官	人名	籍贯	出身	出处及在职时间
吏目	江育桐	浙江山阴人	吏员	《缙绅全书》《中枢备览》光绪二十八年冬
霸州营守备	宋邦凤	山东平原县人	军功	《缙绅全书》《中枢备览》光绪二十八年冬
知州	吴亦琳	安徽人	监生	《民国霸县新志》光绪二十九年
知州	吕品律	云南人	附贡	《爵秩全览》光绪二十九年春《缙绅全书》《中枢备览》
州同		浙江山阴人		《爵秩全览》光绪二十九年春《缙绅全书》《中枢备览》
州判		浙江钱塘人	监生	《爵秩全览》光绪二十九年春《缙绅全书》《中枢备览》
北岸六工管河州判	郑其琛	山西文水人	监生	《爵秩全览》光绪二十九年春《缙绅全书》《中枢备览》
学正	姚振铎	汉军正白旗人	举人	《爵秩全览》光绪二十九年春《缙绅全书》《中枢备览》
复设训导	王荣寿	保定人	副贡	《爵秩全览》光绪二十九年春《缙绅全书》《中枢备览》

职官	人名	籍贯	出身	出处及在职时间
霸永巡检		浙江山阴人	监生	《爵秩全览》光绪二十九年春《缙绅全书》《中枢备览》
吏目	江育桐	浙江山阴人	吏员	《民国霸县新志》《爵秩全览》光绪二十九年春《缙绅全书》《中枢备览》
霸州营守备	刘长发	安徽潜山县人	军功	《缙绅全书》《中枢备览》光绪二十九年春
知州		云南人	副贡	《缙绅全书》光绪二十九年夏
州同		浙江山阴人		《缙绅全书》光绪二十九年夏
州判	李福铭	浙江仁和人	吏员	《缙绅全书》光绪二十九年夏
北岸六工管河州判	郑其琛	山西文水人	监生	《缙绅全书》光绪二十九年夏
学正	管萃超	汉军正蓝旗人	举人	《缙绅全书》光绪二十九年夏
复设训导	王荣寿	保定人	副贡	《缙绅全书》光绪二十九年夏

职官	人名	籍贯	出身	出处及在职时间
霸永巡检驻信安镇	钟 岳	满洲正蓝旗人	监生	《缙绅全书》光绪二十九年夏
吏目	江育桐	浙江山阴人	吏员	《民国霸县新志》《缙绅全书》光绪二十九年夏
州判	李福铭	浙江仁和人	吏员	《爵秩全览》光绪二十九年秋
北岸六工管河州判	郑其琛	山西文水人	监生	《爵秩全览》光绪二十九年秋
学正	管萃超	汉军正蓝旗人	举人	《爵秩全览》光绪二十九年秋
复设训导	王荣寿	保定人	副贡	《爵秩全览》光绪二十九年秋
霸永巡检	钟 岳	满洲正蓝旗人	监生	《民国霸县新志》《爵秩全览》光绪二十九年秋
吏目	江育桐	浙江山阴人	吏员	《民国霸县新志》《爵秩全览》光绪二十九年秋

职官	人名	籍贯	出身	出处及在职时间
知州		云南人	副贡	《缙绅全书》《中枢备览》光绪二十九年秋
州同		浙江山阴人		《缙绅全书》《中枢备览》光绪二十九年秋
州判	李福铭	浙江仁和人	吏员	《缙绅全书》《中枢备览》光绪二十九年秋
北岸六工管河州判	郑其琛	山西文水人	监生	《缙绅全书》《中枢备览》光绪二十九年秋
学正	管萃超	汉军正蓝旗人	举人	《缙绅全书》《中枢备览》光绪二十九年秋
复设训导	王荣寿	保定人	副贡	《缙绅全书》《中枢备览》光绪二十九年秋
霸永巡检	钟 岳	满洲正蓝旗人	监生	《民国霸县新志》《缙绅全书》《中枢备览》光绪二十九年秋
吏目	江育桐	浙江山阴人	吏员	《缙绅全书》《中枢备览》光绪二十九年秋

职官	人名	籍贯	出身	出处及在职时间
霸州营守备	刘长发	安徽潜山县人	军功	《缙绅全书》《中枢备览》光绪二十九年秋
知州		云南人	副贡	《缙绅全书》《中枢备览》光绪二十九年冬
州同	李樹才	浙江山阴人	监生	《缙绅全书》《中枢备览》光绪二十九年冬
州判	李福铭	浙江仁和人	吏员	《缙绅全书》《中枢备览》光绪二十九年冬
北岸六工管河州判	郑其琛	山西文水人	监生	《缙绅全书》《中枢备览》光绪二十九年冬
学正	管萃超	汉军正蓝旗人	举人	《缙绅全书》《中枢备览》光绪二十九年冬
复设训导	王荣寿	保定人	副贡	《缙绅全书》《中枢备览》光绪二十九年冬
霸永巡检	钟　岳	满洲正蓝旗人	监生	《缙绅全书》《中枢备览》光绪二十九年冬
吏目	江育桐	浙江山阴人	吏员	《民国霸县新志》《缙绅全书》《中枢备览》光绪二十九年冬

职官	人名	籍贯	出身	出处及在职时间
霸州营守备	刘长发	安徽潜山县人	军功	《缙绅全书》《中枢备览》光绪二十九年冬
知州	鲍同祖	江苏江都人	监生	《民国霸县新志》光绪三十年
知州	钱锡荣	浙江仁和人	举人	《缙绅全书》《中枢备览》光绪三十年春
州同	李樹才	浙江山阴人	监生	《缙绅全书》《中枢备览》光绪三十年春
州判	李福铭	浙江仁和人	吏员	《缙绅全书》《中枢备览》光绪三十年春
北岸六工管河州判	郑其琛	山西文水人	监生	《缙绅全书》《中枢备览》光绪三十年春
学正	管萃超	汉军正蓝旗人	举人	《缙绅全书》《中枢备览》光绪三十年春
复设训导	王荣寿	保定人	副贡	《缙绅全书》《中枢备览》光绪三十年春
霸永巡检	钟 岳	满洲正蓝旗人	监生	《缙绅全书》《中枢备览》光绪三十年春

职官	人名	籍贯	出身	出处及在职时间
吏目	江育桐	浙江山阴人	吏员	《民国霸县新志》《缙绅全书》《中枢备览》光绪三十年春
霸州营守备	刘长发	安徽潜山县人	军功	《缙绅全书》《中枢备览》光绪三十年春
知州	钱锡荣	浙江仁和人	举人	《爵秩全览》光绪三十年夏
州同	李树才	浙江山阴人	监生	《爵秩全览》光绪三十年夏
州判	李福铭	浙江仁和人	吏员	《爵秩全览》光绪三十年夏
北岸六工管河州判	郑其琛	山西文水人	监生	《爵秩全览》光绪三十年夏
学正	管萃超	汉军正蓝旗人	举人	《爵秩全览》光绪三十年夏
复设训导	王荣寿	保定人	副贡	《爵秩全览》光绪三十年夏
霸永巡检	钟岳	满洲正蓝旗人	监生	《爵秩全览》光绪三十年夏

职官	人名	籍贯	出身	出处及在职时间
吏目	江育桐	浙江山阴人	吏员	《民国霸县新志》《爵秩全览》光绪三十年夏
知州	钱锡荣	浙江仁和人	举人	《缙绅全书》《中枢备览》光绪三十年夏
州同	李樹才	浙江山阴人	监生	《缙绅全书》《中枢备览》光绪三十年夏
州判	李福铭	浙江仁和人	吏员	《缙绅全书》《中枢备览》光绪三十年夏
北岸六工管河州判	郑其琛	山西文水人	监生	《缙绅全书》《中枢备览》光绪三十年夏
学正	管萃超	汉军正蓝旗人	举人	《缙绅全书》《中枢备览》光绪三十年夏
复设训导	王荣寿	保定人	副贡	《缙绅全书》《中枢备览》光绪三十年夏
霸永巡检	钟 岳	满洲正蓝旗人	监生	《缙绅全书》《中枢备览》光绪三十年夏
吏目	江育桐	浙江山阴人	吏员	《民国霸县新志》《缙绅全书》《中枢备览》光绪三十年夏

职官	人名	籍贯	出身	出处及在职时间
霸州营守备	刘长发	安徽潜山县人	军功	《缙绅全书》《中枢备览》光绪三十年夏
知州	钱锡荣	浙江仁和人	举人	《缙绅全书》光绪三十年冬
州同	李樹才	浙江山阴人	监生	《缙绅全书》光绪三十年冬
州判	李福铭	浙江仁和人	吏员	《缙绅全书》光绪三十年冬
北岸六工管河州判	郑其琛	山西文水人	监生	《缙绅全书》光绪三十年冬
学正	管萃超	汉军正蓝旗人	举人	《缙绅全书》光绪三十年冬
复设训导	王荣寿	保定人	副贡	《缙绅全书》光绪三十年冬
霸永巡检	钟 岳	满洲正蓝旗人	监生	《缙绅全书》光绪三十年冬
吏目	江育桐	浙江山阴人	吏员	《民国霸县新志》《缙绅全书》光绪三十年冬

职官	人名	籍贯	出身	出处及在职时间
知州	钱锡荣	浙江仁和人	举人	《缙绅全书》《中枢备览》光绪三十一年春
州判驻三角淀	李福铭	浙江仁和人	吏员	《缙绅全书》《中枢备览》光绪三十一年春
州同驻永定河	李樹才	浙江山阴人	监生	《缙绅全书》《中枢备览》光绪三十一年春
北岸六工管河州判	郑其琛	山西文水人	监生	《缙绅全书》《中枢备览》光绪三十一年春
学正	管萃超	汉军正蓝旗人	举人	《缙绅全书》《中枢备览》光绪三十一年春
复设训导	王荣寿	保定人	副贡	《缙绅全书》《中枢备览》光绪三十一年春
霸永巡检驻信安镇	钟 岳	满洲正蓝旗人	监生	《缙绅全书》《中枢备览》光绪三十一年春
吏目	江育桐	浙江山阴人	吏员	《民国霸县新志》《缙绅全书》《中枢备览》光绪三十一年春
知州	钱锡荣	浙江仁和人	举人	《爵秩全览》光绪三十一年夏

职官	人名	籍贯	出身	出处及在职时间
州判驻三角淀	李福铭	浙江仁和人	吏员	《爵秩全览》光绪三十一年夏
州同驻永定河	李樹才	浙江山阴人	监生	《爵秩全览》光绪三十一年夏
北岸六工管河州判	郑其琛	山西文水人	监生	《爵秩全览》光绪三十一年夏
学正	管萃超	汉军正蓝旗人	举人	《爵秩全览》光绪三十一年夏
复设训导	王荣寿	保定人	副贡	《爵秩全览》光绪三十一年夏
霸永巡检驻信安镇	钟　岳	满洲正蓝旗人	监生	《爵秩全览》光绪三十一年夏
吏目	江育桐	浙江山阴人	吏员	《民国霸县新志》《爵秩全览》光绪三十一年夏
知州	钱锡荣	浙江仁和人	举人	《缙绅全书》《中枢备览》光绪三十一年夏
州判驻三角淀	李福铭	浙江仁和人	吏员	《缙绅全书》《中枢备览》光绪三十一年夏

职官	人名	籍贯	出身	出处及在职时间
州同驻永定河	李樹才	浙江山阴人	监生	《缙绅全书》《中枢备览》光绪三十一年夏
北岸六工管河州判	郑其琛	山西文水人	监生	《缙绅全书》《中枢备览》光绪三十一年夏
学正	管萃超	汉军正蓝旗人	举人	《缙绅全书》《中枢备览》光绪三十一年夏
复设训导	王荣寿	保定人	副贡	《缙绅全书》《中枢备览》光绪三十一年夏
霸永巡检驻信安镇	钟 岳	满洲正蓝旗人	监生	《缙绅全书》《中枢备览》光绪三十一年夏
吏目	江育桐	浙江山阴人	吏员	《民国霸县新志》《缙绅全书》《中枢备览》光绪三十一年夏
知州	钱锡荣	浙江仁和人	举人	《爵秩全览》光绪三十一年秋
州判驻三角淀	李福铭	浙江仁和人	吏员	《爵秩全览》光绪三十一年秋
州同驻永定河	李樹才	浙江山阴人	监生	《爵秩全览》光绪三十一年秋

职官	人名	籍贯	出身	出处及在职时间
北岸六工管河州判	郑其琛	山西文水人	监生	《爵秩全览》光绪三十一年秋
学正	管萃超	汉军正蓝旗人	举人	《爵秩全览》光绪三十一年秋
复设训导	王荣寿	保定人	副贡	《爵秩全览》光绪三十一年秋
霸永巡检	钟岳	满洲正蓝旗人	监生	《爵秩全览》光绪三十一年秋
吏目	江育桐	浙江山阴人	吏员	《民国霸县新志》《爵秩全览》光绪三十一年秋
知州	钱锡荣	浙江仁和人	举人	《爵秩全览》光绪三十一年冬
州判驻三角淀	李福铭	浙江仁和人	吏员	《爵秩全览》光绪三十一年冬
北岸六工管河州判	郑其琛	山西文水人	监生	《爵秩全览》光绪三十一年冬

职官	人名	籍贯	出身	出处及在职时间
学正	管莘超	汉军正蓝旗人	举人	《爵秩全览》光绪三十一年冬
复设训导	王荣寿	保定人	副贡	《爵秩全览》光绪三十一年冬
霸永巡检	钟岳	满洲正蓝旗人	监生	《民国霸县新志》《爵秩全览》光绪三十一年冬
吏目	江育桐	浙江山阴人	吏员	《爵秩全览》光绪三十一年冬
区官	庆祥	霸县人	顺天高等警务传习所	《民国霸县新志》光绪三十二年
知州	周登翱	福建侯官人	举人	《民国霸县新志》光绪三十二年
知州	钱锡荣	浙江仁和人	举人	《爵秩全览》光绪三十二年春
州同驻永定河	李福铭	浙江仁和人	吏员	《爵秩全览》光绪三十二年春

职官	人名	籍贯	出身	出处及在职时间
北岸六工管河州判	郑其琛	山西文水人	监生	《爵秩全览》光绪三十二年春
学正	管萃超	汉军正蓝旗人	举人	《爵秩全览》光绪三十二年春
复设训导	王荣寿	保定人	副贡	《爵秩全览》光绪三十二年春
霸永巡检	钟 岳	满洲正蓝旗人	监生	《爵秩全览》光绪三十二年春
吏目	江育桐	浙江山阴人	吏员	《民国霸县新志》《爵秩全览》光绪三十二年春
知州	钱锡荣	浙江仁和人	举人	《缙绅全书》《中枢备览》光绪三十二年春
州同驻永定河	李福铭	浙江仁和人	吏员	《缙绅全书》《中枢备览》光绪三十二年春
北岸六工管河州判	郑其琛	山西文水人	监生	《缙绅全书》《中枢备览》光绪三十二年春
学正	管萃超	汉军正蓝旗人	举人	《缙绅全书》《中枢备览》光绪三十二年春

职官	人名	籍贯	出身	出处及在职时间
复设训导	王荣寿	保定人	副贡	《缙绅全书》《中枢备览》光绪三十二年春
霸永巡检驻信安镇	钟岳	满洲正蓝旗人	监生	《缙绅全书》《中枢备览》光绪三十二年春
吏目	江育桐	浙江山阴人	吏员	《民国霸县新志》《缙绅全书》《中枢备览》光绪三十二年春
知州	钱锡荣	浙江仁和人	举人	《缙绅全书》光绪三十二年夏
州同驻永定河	李福铭	浙江仁和人	吏员	《缙绅全书》光绪三十二年夏
北岸六工管河州判	郑其琛	山西文水人	监生	《缙绅全书》光绪三十二年夏
学正	管萃超	汉军正蓝旗人	举人	《缙绅全书》光绪三十二年夏
复设训导	王荣寿	保定人	副贡	《缙绅全书》光绪三十二年夏
霸永巡检驻信安镇	钟岳	满洲正蓝旗人	监生	《缙绅全书》光绪三十二年夏

职官	人名	籍贯	出身	出处及在职时间
吏目	江育桐	浙江山阴人	吏员	《民国霸县新志》《缙绅全书》光绪三十二年夏
知州	钱锡荣	浙江仁和人	举人	《缙绅全书》光绪三十二年秋
州同驻永定河	李福铭	浙江仁和人	吏员	《缙绅全书》光绪三十二年秋
州判驻三角淀	常凌汉	山东宁海人	监生	《缙绅全书》光绪三十二年秋
北岸六工管河州判	郑其琛	山西文水人	监生	《缙绅全书》光绪三十二年秋
学正	管萃超	汉军正蓝旗人	举人	《缙绅全书》光绪三十二年秋
复设训导	王荣寿	保定人	副贡	《缙绅全书》光绪三十二年秋
霸永巡检驻信安镇	钟　岳	满洲正蓝旗人	监生	《缙绅全书》光绪三十二年秋

职官	人名	籍贯	出身	出处及在职时间
吏目	江育桐	浙江山阴人	吏员	《民国霸县新志》《缙绅全书》光绪三十二年秋
知州	钱锡荣	浙江仁和人	举人	《缙绅全书》光绪三十二年冬
州同驻永定河	李福铭	浙江仁和人	吏员	《缙绅全书》光绪三十二年冬
州判驻三角淀	常凌汉	山东宁海人	监生	《缙绅全书》光绪三十二年冬
北岸六工管河州判	郑其琛	山西文水人	监生	《缙绅全书》光绪三十二年冬
学正	管莘超	汉军正蓝旗人	举人	《缙绅全书》光绪三十二年冬
复设训导		保定人	副贡	《缙绅全书》光绪三十二年冬
霸永巡检驻信安镇	钟岳	满洲正蓝旗人	监生	《缙绅全书》光绪三十二年冬

职官	人名	籍贯	出身	出处及在职时间
吏目	江育桐	浙江山阴人	吏员	《民国霸县新志》《缙绅全书》光绪三十二年冬
知州	钱锡荣	浙江仁和人	举人	《爵秩全览》光绪三十二年冬
州判驻三角淀	常凌汉	山东宁海人	监生	《爵秩全览》光绪三十二年冬
北岸六工管河州判	郑其琛	山西文水人	监生	《爵秩全览》光绪三十二年冬
学正	管萃超	汉军正蓝旗人	举人	《爵秩全览》光绪三十二年冬
霸永巡检	钟岳	满洲正蓝旗人	监生	《爵秩全览》光绪三十二年冬
吏目	江育桐	浙江山阴人	吏员	《民国霸县新志》《爵秩全览》光绪三十二年冬
区官	庆祥	霸县人		《民国霸县新志》光绪三十三年

职官	人名	籍贯	出身	出处及在职时间
知州	陈兴尚	福建闽县人	贡生	《民国霸县新志》光绪三十三年
知州	钱锡荣	浙江仁和人	举人	《爵秩全览》光绪三十三年春
州判驻三角淀	常凌汉	山东宁海人	监生	《爵秩全览》光绪三十三年春
北岸六工管河州判	郑其琛	山西文水人	监生	《爵秩全览》光绪三十三年春
学正	管萃超	汉军正蓝旗人	举人	《爵秩全览》光绪三十三年春
霸永巡检	钟岳	满洲正蓝旗人	监生	《爵秩全览》光绪三十三年春
吏目	江育桐	浙江山阴人	吏员	《民国霸县新志》《爵秩全览》光绪三十三年春
知州	钱锡荣	浙江仁和人	举人	《缙绅全书》《中枢备览》光绪三十三年夏

职官	人名	籍贯*	出身	出处及在职时间
州同驻永定河	李福铭	浙江仁和人	吏员	《缙绅全书》《中枢备览》光绪三十三年夏
州判驻三角淀	常凌汉	山东宁海人	监生	《缙绅全书》《中枢备览》光绪三十三年夏
北岸六工管河州判	郑其琛	山西文水人	监生	《缙绅全书》《中枢备览》光绪三十三年夏
学正	管萃超	汉军正蓝旗人	举人	《缙绅全书》《中枢备览》光绪三十三年夏
复设训导		保定人	副贡	《缙绅全书》《中枢备览》光绪三十三年夏
霸永巡检驻信安镇	钟 岳	满洲正蓝旗人	监生	《缙绅全书》《中枢备览》光绪三十三年夏
吏目	江育桐	浙江山阴人	吏员	《民国霸县新志》《缙绅全书》《中枢备览》光绪三十三年夏
州判驻三角淀	常凌汉	山东宁海人	监生	《缙绅全书》《中枢备览》光绪三十三年夏
北岸六工管河州判	郑其琛	山西文水人	监生	《缙绅全书》《中枢备览》光绪三十三年夏

职官	人名	籍贯	出身	出处及在职时间
学正	管萃超	汉军正蓝旗人	举人	《缙绅全书》《中枢备览》光绪三十三年夏
霸永巡检	钟 岳	满洲正蓝旗人	监生	《缙绅全书》《中枢备览》光绪三十三年夏
吏目	江育桐	浙江山阴人	吏员	《民国霸县新志》《缙绅全书》《中枢备览》光绪三十三年夏
知州	刘傅祁	江苏吴县人	举人	《爵秩全览》光绪三十三年冬
州同驻永定河	李福铭	浙江仁和人	吏员	《爵秩全览》光绪三十三年冬
州判驻三角淀	常凌汉	山东宁海人	监生	《爵秩全览》光绪三十三年冬
北岸六工管河州判	郑其琛	山西文水人	监生	《爵秩全览》光绪三十三年冬
学正	管萃超	汉军正蓝旗人	举人	《爵秩全览》光绪三十三年冬
霸永巡检	钟 岳	满洲正蓝旗人	监生	《爵秩全览》光绪三十三年冬

职官	人名	籍贯	出身	出处及在职时间
吏目	江育桐	浙江山阴人	吏员	《民国霸县新志》《爵秩全览》光绪三十三年冬
知州	刘傅祁	江苏吴县人	举人	《爵秩全览》光绪三十三年冬
州同驻永定河	李福铭	浙江仁和人	吏员	《爵秩全览》光绪三十三年冬
州判驻三角淀	常凌汉	山东宁海人	监生	《爵秩全览》光绪三十三年冬
学正	管萃超	汉军正蓝旗人	举人	《爵秩全览》光绪三十三年冬
霸永巡检	钟岳	满洲正蓝旗人	监生	《民国霸县新志》《爵秩全览》光绪三十三年冬
吏目	江育桐	浙江山阴人	吏员	《爵秩全览》光绪三十三年冬
知州	刘傅祁	江苏吴县人	举人	《最新百官绿》光绪三十四年春
南头河州同	李福铭	浙江仁和人	吏员	《最新百官绿》光绪三十四年春

职官	人名	籍贯	出身	出处及在职时间
三角淀南大河州判	常凌汉	山东宁海人	监生	《最新百官绿》光绪三十四年春
北岸六工管河州判	郑其琛	山西文水人		最新百官禄光绪三十四年春
霸永巡检驻信安镇	钟 岳	满洲正蓝旗人		《最新百官绿》光绪三十四年春
吏目	江育桐	浙江山阴人	吏员	《民国霸县新志》《最新百官绿》光绪三十四年春
知州	刘傅祁	江苏吴县人	举人	《最新百官绿》光绪三十四年春
州同驻永定河	李福铭	浙江仁和人	吏员	《最新百官绿》光绪三十四年春
州判驻三角淀	常凌汉	山东宁海人	监生	《最新百官绿》光绪三十四年春
学正	管莘超	汉军正蓝旗人	举人	《最新百官绿》光绪三十四年春
霸永巡检	钟 岳	满洲正蓝旗人	监生	《最新百官绿》光绪三十四年春

职官	人名	籍贯	出身	出处及在职时间
吏目	江育桐	浙江山阴人	吏员	《民国霸县新志》《最新百官绿》光绪三十四年春
知州	刘傅祁	江苏吴县人	举人	《爵秩全览》光绪三十四年秋
州同驻永定河	李福铭	浙江仁和人	吏员	《爵秩全览》光绪三十四年秋
州判驻三角淀	常凌汉	山东宁海人	监生	《爵秩全览》光绪三十四年秋
学正	管萃超	汉军正蓝旗人	举人	《爵秩全览》光绪三十四年秋
霸永巡检	钟岳	满洲正蓝旗人	监生	《爵秩全览》光绪三十四年秋
知州	刘傅祁	江苏吴县人	举人	《爵秩全览》光绪三十四年秋
州同驻永定河	李福铭	浙江仁和人	吏员	《爵秩全览》光绪三十四年秋
州判驻三角淀	常凌汉	山东宁海人	监生	《爵秩全览》光绪三十四年秋

职官	人名	籍贯	出身	出处及在职时间
北岸六工管河州判	李兆年	湖南长沙人		《爵秩全览》光绪三十四年秋
学正	管萃超	汉军正蓝旗人	举人	《爵秩全览》光绪三十四年秋
霸永巡检	钟 岳	满洲正蓝旗人	监生	《爵秩全览》光绪三十四年秋
吏目	袁光裕	江苏元和人	监生	《爵秩全览》光绪三十四年秋
防守御	文 贵	本旗	马甲	《民国霸县新志》光绪年间
防守御	奎 祥	固安县驻防	马甲	《民国霸县新志》光绪年间
防守御	瑞 林	固安县驻防	马甲	《民国霸县新志》光绪年间
防守御	文 连	本旗	马甲	《民国霸县新志》光绪年间
防守御	多仁布	固安县驻防	马甲	《民国霸县新志》光绪年间

职官	人名	籍贯	出身	出处及在职时间
防守御	庆 祥	霸县人	马甲	《民国霸县新志》光绪年间
防守御	额勒崇额	本旗	马甲	《民国霸县新志》光绪年间
防守御	和 林	本旗	马甲	《民国霸县新志》光绪年间
骁骑校	广 泰	本旗	马甲	《民国霸县新志》光绪年间
骁骑校	文 连	本旗	马甲	《民国霸县新志》光绪年间
骁骑校	额勒崇额	本旗	马甲	《民国霸县新志》光绪年间
骁骑校	扎清阿	本旗	马甲	《民国霸县新志》光绪年间
骁骑校	法 林	本旗	马甲	《民国霸县新志》光绪年间
骁骑校	和 林	本旗	马甲	《民国霸县新志》光绪年间

职官	人名	籍贯	出身	出处及在职时间
骁骑校	万　城	本旗	马甲	《民国霸县新志》光绪年间
骁骑校	恩　祥	本旗	马甲	《民国霸县新志》光绪年间
骁骑校	达　兰	本旗	马甲	《民国霸县新志》光绪年间
防尉	庆　祥	霸县人	马甲	《民国霸县新志》光绪年间
存城泛	李金標		行伍	《民国霸县新志》光绪年间
存城泛	王恩甲		武举人	《民国霸县新志》光绪年间
存城泛	宋　铎		行伍	《民国霸县新志》光绪年间
营守府	倪开珩	清苑人	行伍	《民国霸县新志》光绪年间
营守府	刘云山	安徽人	行伍	《民国霸县新志》光绪年间

职官	人名	籍贯	出身	出处及在职时间
营守府	文 锦	京旗		《民国霸县新志》光绪年间
营守府	杨殿楹	山东人	行伍	《民国霸县新志》光绪年间
营守府	诚 福	京旗		《民国霸县新志》光绪年间
营守府	宋建祥	安徽人	行伍	《民国霸县新志》光绪年间
营守府	刘长发	安徽人	军功	《民国霸县新志》光绪年间
守备	叶广全			《宫中档案全宗》光绪年间
守备	林成兴			《内阁全宗》光绪年间
守备	韦启明			《内阁全宗》光绪年间
守备	刘长发	安徽人		《内阁全宗》光绪年间

职官	人名	籍贯	出身	出处及在职时间
吏目	陈仁佐	浙江归安人	监生	《民国霸县新志》宣统元年
知州	刘傅祁	江苏吴县人	举人	《爵秩全览》宣统元年春
州同驻永定河	李福铭	浙江仁和人	吏员	《爵秩全览》宣统元年春
州判驻三角淀	常凌汉	山东宁海人	监生	《爵秩全览》宣统元年春
北岸六工管河州判	李兆年	湖南长沙人		《爵秩全览》宣统元年春
学正	管萃超	汉军正蓝旗人	举人	《爵秩全览》宣统元年春
霸永巡检	钟 岳	满洲正蓝旗人	监生	《爵秩全览》宣统元年春
吏目	袁光裕	江苏元和人	监生	《爵秩全览》宣统元年春
知州	刘傅祁	江苏吴县人	举人	《爵秩全览》宣统元年春

职官	人名	籍贯	出身	出处及在职时间
州同驻永定河	李福铭	浙江仁和人	吏员	《爵秩全览》宣统元年春
州判驻三角淀	常凌汉	山东宁海人	监生	《爵秩全览》宣统元年春
北岸六工管河州判	李兆年	湖南长沙人		《爵秩全览》宣统元年春
学正	管萃超	汉军正蓝旗人	举人	《爵秩全览》宣统元年春
霸永巡检	钟 岳	满洲正蓝旗人	监生	《爵秩全览》宣统元年春
吏目	袁光裕	江苏元和人	监生	《爵秩全览》宣统元年春
知州	刘傅祁	江苏吴县人	举人	《爵秩全览》宣统元年秋
州同驻永定河	李福铭	浙江仁和人	吏员	《爵秩全览》宣统元年秋
州判驻三角淀	常凌汉	山东宁海人	监生	《爵秩全览》宣统元年秋

职官	人名	籍贯	出身	出处及在职时间
北岸六工管河州判	李兆年	湖南长沙人		《爵秩全览》宣统元年秋
学正	管萃超	汉军正蓝旗人	举人	《爵秩全览》宣统元年秋
霸永巡检	钟岳	满洲正蓝旗人	监生	《爵秩全览》宣统元年秋
吏目	袁光裕	江苏元和人	监生	《爵秩全览》宣统元年秋
知州	刘傅祁	江苏吴县人	举人	《爵秩全览》宣统元年秋
州同驻永定河	李福铭	浙江仁和人	吏员	《爵秩全览》宣统元年秋
州判驻三角淀	常凌汉	山东宁海人	监生	《爵秩全览》宣统元年秋
北岸六工管河州判	李兆年	湖南长沙人		《爵秩全览》宣统元年秋
学正	管萃超	汉军正蓝旗人	举人	《爵秩全览》宣统元年秋

职官	人名	籍贯	出身	出处及在职时间
霸永巡检	钟 岳	满洲正蓝旗人	监生	《爵秩全览》宣统元年秋
吏目	袁光裕	江苏元和人	监生	《爵秩全览》宣统元年秋
知州	刘傅祁	江苏吴县人	举人	《缙绅全书》宣统元年冬
州判驻永定河	常凌汉	山东宁海州人	监生	《缙绅全书》宣统元年冬
霸永巡检驻信安镇	钟 岳	满洲正蓝旗人	监生	《缙绅全书》宣统元年冬
北岸六工管河州判	李兆年	湖南长沙人	监生	《缙绅全书》宣统元年冬
学正	管萃超	汉军正蓝旗人	举人	《缙绅全书》宣统元年冬
吏目	袁光裕	江苏元和人	监生	《缙绅全书》宣统元年冬
判官	李兆年			宣统二年

职官	人名	籍贯	出身	出处及在职时间
区官	庆 祥	霸县人	法政别科毕业	《民国霸县新志》宣统二年
吏目	田玉樹			《民国霸县新志》宣统二年
知州	刘傅祁	江苏吴县人	举人	《爵秩全览》宣统二年春
州同驻永定河	李福铭	浙江仁和县人	吏员	《爵秩全览》宣统二年春
霸永巡检	钟 岳	满洲正蓝旗人	监生	《爵秩全览》宣统二年春
州判驻三角淀	常凌汉	山东宁海州人	监生	《爵秩全览》宣统二年春
北岸六工管河州判	李兆年	湖南长沙人	监生	《爵秩全览》宣统二年春
学正	管萃超	汉军正蓝旗人	举人	《爵秩全览》宣统二年春
吏目	袁光裕	江苏元和人	监生	《爵秩全览》宣统二年春

职官	人名	籍贯	出身	出处及在职时间
知州	刘傅祁	江苏吴县人	举人	《爵秩全览》宣统二年夏
州判驻三角淀	常凌汉	山东宁海州人	监生	《爵秩全览》宣统二年夏
霸永巡检	钟 岳	满洲正蓝旗人	监生	《爵秩全览》宣统二年夏
学正	管萃超	汉军正蓝旗人	举人	《爵秩全览》宣统二年夏
吏目	袁光裕	江苏元和人	监生	《爵秩全览》宣统二年夏
州同驻永定河	李福铭	浙江仁和人	吏员	《爵秩全览》宣统二年夏
知州	刘傅祁	江苏吴县人	举人	《爵秩全览》宣统二年秋
州判驻三角淀	常凌汉	山东宁海州人	监生	《爵秩全览》宣统二年秋
霸永巡检	钟 岳	满洲正蓝旗人	监生	《爵秩全览》宣统二年秋

职官	人名	籍贯	出身	出处及在职时间
北岸六工管河州判	胡元熙	浙江人	监生	《爵秩全览》宣统二年秋
学正	管萃超	汉军正蓝旗人	举人	《爵秩全览》宣统二年秋
吏目	袁光裕	江苏元和人	监生	《爵秩全览》宣统二年秋
州同驻永定河	李福铭	浙江仁和人	吏员	《爵秩全览》宣统二年秋
知州	刘傅祁	江苏吴县人	举人	《爵秩全览》宣统二年冬
州判驻三角淀	常凌汉	山东宁海州人	监生	《爵秩全览》宣统二年冬
霸永巡检	钟 岳	满洲正蓝旗人	监生	《爵秩全览》宣统二年冬
北岸六工管河州判	胡元熙	浙江人	监生	《爵秩全览》宣统二年冬
学正	管萃超	汉军正蓝旗人	举人	《爵秩全览》宣统二年冬

职官	人名	籍贯	出身	出处及在职时间
吏目	袁光裕	江苏元和人	监生	《爵秩全览》宣统二年冬
州同驻永定河	李福铭	浙江仁和人	吏员	《爵秩全览》宣统二年冬
区官	庆 祥	霸县人		《民国霸县新志》宣统三年
知州	林际平	福建闽县人	举人	《民国霸县新志》宣统三年
吏目	陈为善			《民国霸县新志》宣统三年
吏目	袁 贤	江苏元和人	监生	《民国霸县新志》宣统三年
知州	刘傅祁	江苏吴县人	举人	《爵秩全览》宣统三年春
州判驻三角淀	常凌汉	山东宁海州人	监生	《爵秩全览》宣统三年春
霸永巡检	钟 岳	满洲正蓝旗人	监生	《爵秩全览》宣统三年春

职官	人名	籍贯	出身	出处及在职时间
北岸六工管河州判	胡元熙	浙江人	监生	《爵秩全览》宣统三年春
学正	管萃超	汉军正蓝旗人	举人	《爵秩全览》宣统三年春
吏目	袁光裕	江苏元和人	监生	《爵秩全览》宣统三年春
州同驻永定河	李福铭	浙江仁和人	吏员	《爵秩全览》宣统三年春
知州	刘傅祁	江苏吴县人	举人	《爵秩全览》宣统三年夏
州判驻三角淀	常凌汉	山东宁海州人	监生	《爵秩全览》宣统三年夏
霸永巡检	钟 岳	满洲正蓝旗人	监生	《爵秩全览》宣统三年夏
北岸六工管河州判	胡元熙	浙江人	监生	《爵秩全览》宣统三年夏
学正	管萃超	汉军正蓝旗人	举人	《爵秩全览》宣统三年夏

职官	人名	籍贯	出身	出处及在职时间
吏目	袁光裕	江苏元和人	监生	《爵秩全览》宣统三年夏
州同驻永定河	李福铭	浙江仁和人	吏员	《爵秩全览》宣统三年夏
知州	刘傅祁	江苏吴县人	举人	《爵秩全览》宣统三年秋
州判驻三角淀	常凌汉	山东宁海州人	监生	《爵秩全览》宣统三年秋
霸永巡检	钟 岳	满洲正蓝旗人	监生	《爵秩全览》宣统三年秋
北岸六工管河州判	胡元熙	浙江人	监生	《爵秩全览》宣统三年秋
学正	管萃超	汉军正蓝旗人	举人	《爵秩全览》宣统三年秋
吏目	袁光裕	江苏元和人	监生	《爵秩全览》宣统三年秋

职官	人名	籍贯	出身	出处及在职时间
州同驻永定河	李福铭	浙江仁和人	吏员	《爵秩全览》宣统三年秋
知州	刘傅祁	江苏吴县人	举人	《职官录》宣统三年冬
州判驻三角淀	常凌汉	山东宁海州人	监生	《职官录》宣统三年冬
霸永巡检	钟岳	满洲正蓝旗人	监生	《职官录》宣统三年冬
北岸六工管河州判	胡元熙	浙江人	监生	《职官录》宣统三年冬
学正	管莘超	汉军正蓝旗人	举人	《职官录》宣统三年冬
吏目	袁光裕	江苏元和人	监生	《职官录》宣统三年冬
州同驻永定河	刘义	四川铜梁县人	监生	《职官录》宣统三年冬

职官	人名	籍贯	出身	出处及在职时间
知州	刘傅祁	江苏吴县人	举人	《职官录》宣统四年春
州判驻三角淀	常凌汉	山东宁海州人	监生	《职官录》宣统四年春
霸永巡检	钟岳	满洲正蓝旗人	监生	《职官录》宣统四年春
北岸六工管河州判	胡元熙	浙江人	监生	《职官录》宣统四年春
学正	管萃超	汉军正蓝旗人	举人	《职官录》宣统四年春
吏目	袁光裕	江苏元和人	监生	《职官录》宣统四年春
州同驻永定河	刘义	四川铜梁县人	监生	《职官录》宣统四年春
存城泛	刘清发		行伍	《民国霸县新志》宣统年间

职官	人名	籍贯	出身	出处及在职时间
营守府	顾毕受	安徽	行伍	《民国霸县新志》宣统年间
信安泛	赵 起			《民国霸县新志》
信安泛	昝金甲			《民国霸县新志》
信安泛	牛光斗			《民国霸县新志》
信安泛	时茂东			《民国霸县新志》
信安泛	李凰鹏			《民国霸县新志》
信安泛	薛金龙			《民国霸县新志》
信安泛	郑吉荣			《民国霸县新志》

职官	人名	籍贯	出身	出处及在职时间
信安泛	宋含香			《民国霸县新志》
信安泛	张葵芳			《民国霸县新志》
信安泛	刘锡龄			《民国霸县新志》
信安泛	张福春			《民国霸县新志》
信安泛	张云標			《民国霸县新志》
守备	侯闰	东安人		《康熙霸州志》
守备	徐开泰			《康熙霸州志》
守备	孔新	陕西人		《康熙霸州志》

职官	人名	籍贯	出身	出处及在职时间
守备	雒镇抚	三原人		《康熙霸州志》
守备	魏永禄	宛平人		《康熙霸州志》
守备	权进朝	河间人		《康熙霸州志》
守备	张允光	山东莱阳人		《康熙霸州志》
守备	刘进科	山东平度州人		《康熙霸州志》

清代霸州职官类表

州同驻永定河

职官	人名	籍贯	出身	出处及在职时间
州同驻永定河	康　诰	江苏清河人	监生	《缙绅全书》道光七年春
州同驻永定河	康　诰	江苏清河人	监生	《缙绅全书》道光七年春
州同驻永定河	康　诰	江苏清河人	监生	《缙绅全书》《中枢备览》道光十三年夏
州同驻永定河	康　诰	江苏清河人	监生	《缙绅全书》《中枢备览》道光十三年夏
州同驻永定河	康　诰	江苏清河人	监生	《缙绅全书》道光十四年春
州同驻永定河	康诰	江苏清河人	监生	《缙绅全书》道光十四年夏
州同驻永定河	蒋景旸	江苏元和人	监生	《缙绅全书》道光十六年秋

职官	人名	籍贯	出身	出处及在职时间
州同驻永定河	蒋景旸	江苏元和人	监生	《缙绅全书》《中枢备览》道光十六年冬
州同驻永定河	蒋景旸	江苏元和人	监生	《缙绅全书》道光十七年秋
州同驻永定河	蒋景旸	江苏元和人	监生	《缙绅全书》道光十八年夏
州同驻永定河	蒋景旸	江苏元和人	监生	《缙绅全书》《爵秩全览》道光十九年夏
州同驻永定河	蒋景旸	江苏元和人	监生	《缙绅全书》道光二十年秋
州同驻永定河	蒋景旸	江苏元和人	监生	《缙绅全书》道光二十年冬
州同驻永定河	罗瀛	江苏宿迁人	监生	《缙绅全书》《中枢备览》道光二十二年春
州同驻永定河	罗瀛	江苏宿迁人	监生	《缙绅全书》道光二十二年冬
州同驻永定河	罗瀛	江苏宿迁人	监生	《缙绅全书》道光二十五年夏

职官	人名	籍贯	出身	出处及在职时间
州同驻永定河	徐敦义	浙江德清人	监生	《缙绅全书》道光二十五年秋
州同驻永定河	徐敦义	浙江德清人	监生	《爵秩全览》道光二十六年
州同驻永定河	徐敦义	浙江德清人	监生	《缙绅全书》道光二十七年夏
州同驻永定河	徐敦义	浙江德清人	监生	《缙绅全书》道光二十七年秋
州同驻永定河	徐敦义	浙江德清人	监生	《缙绅全书》道光二十八年冬
州同驻永定河	徐敦义	浙江德清人	监生	《缙绅全书》道光二十九年夏
州同驻永定河	司马钟	江苏江宁人	附生	《爵秩全览》道光二十八年夏
州同驻永定河	司马钟	江苏江宁人	监生	《爵秩全览》咸丰元年夏
州同驻永定河	司马钟	江苏江宁人	监生	《爵秩全览》咸丰二年冬

职官	人名	籍贯	出身	出处及在职时间
州同驻永定河	司马钟	江苏江宁人	监生	《缙绅全书》咸丰三年夏
州同驻永定河	徐敦义	浙江德清人	附生	《缙绅全书》咸丰四年春
州同驻永定河	司马钟	江苏江宁人	监生	《缙绅全书》咸丰四年
州同驻永定河	庞光辰	江苏上元人	监生	《爵秩全览》咸丰六年春
州同驻永定河	庞光辰	江苏上元人	监生	《缙绅全书》咸丰六年春
州同驻永定河	唐成棣	江苏江都人	监生	《爵秩全览》咸丰六年夏
州同驻永定河	唐成棣	江苏江都人	监生	《爵秩全览》咸丰七年秋
州同驻永定河	庞光辰	江苏上元人	监生	《爵秩全览》咸丰七年冬
州同驻永定河	唐成棣	江苏江都人	监生	《缙绅全书》咸丰八年冬

职官	人名	籍贯	出身	出处及在职时间
州同驻永定河	唐成棣	江苏江都人	监生	《缙绅全书》咸丰九年夏
州同驻永定河		江苏江都人	监生	《缙绅全书》咸丰十年秋
州同驻永定河		江苏江都人	监生	《缙绅全书》咸丰十年秋
州同驻永定河	何承祐	江苏上元人	监生	《缙绅全书》同治四年夏
州同驻永定河	何承祐	江苏上元人	监生	《缙绅全书》同治五年春
州同驻永定河	何承祐	江苏上元人	监生	《爵秩全览》同治六年春
州同驻永定河	何承祐	江苏上元人	监生	《缙绅全书》同治六年春
州同驻永定河	何承祐	江苏上元人	监生	《缙绅全书》同治六年秋
州同驻永定河		江苏上元人	监生	《缙绅全书》同治八年春

职官	人名	籍贯	出身	出处及在职时间
州同驻永定河	王养寿	浙江萧山人	举人	《缙绅全书》同治八年冬
州同驻永定河	王养寿	浙江萧山人	举人	《爵秩全览》同治九年春
州同驻永定河	王养寿	浙江萧山人	举人	《缙绅全书》同治九年夏
州同驻永定河	王养寿	浙江萧山人	举人	《爵秩全览》同治九年秋
州同驻永定河	王养寿	浙江萧山人	举人	《缙绅全书》同治九年冬
州同驻永定河	王养寿	浙江萧山人	举人	《缙绅全书》同治十年春
州同驻永定河	王养寿	浙江萧山人	举人	《缙绅全书》同治十年夏
州同驻永定河	宫兆庚	山东蓬莱人	副贡	《缙绅全书》同治十一年夏
州同驻永定河	宫兆庚	山东蓬莱人	副贡	《缙绅全书》《中枢备览》同治十一年秋

职官	人名	籍贯	出身	出处及在职时间
州同驻永定河	宫兆庚	山东蓬莱人	副贡	《缙绅全书》同治十二年冬
州同驻永定河	李傅馨	浙江仁和人	监生	《爵秩全览》光绪十二年夏
州同驻永定河	李傅馨	浙江仁和人	监生	《缙绅全书》光绪十二年秋
州同驻永定河	李傅馨	浙江仁和人	监生	《爵秩全览》光绪十三年春
州同驻永定河	李傅馨	浙江仁和人	监生	《缙绅全书》《中枢备览》光绪十三年夏
州同驻永定河	李傅馨	浙江仁和人	监生	《缙绅全书》光绪十三年冬
州同驻永定河	李傅馨	浙江仁和人	监生	《缙绅全书》光绪十四年夏
州同驻永定河	李傅馨	浙江仁和人	监生	《爵秩全览》光绪十四年冬
州同驻永定河	李傅馨	浙江仁和人	监生	《爵秩全览》光绪十五年夏

职官	人名	籍贯	出身	出处及在职时间
州同驻永定河	周蓉第	浙江仁和人	监生	《爵秩全览》光绪十五年冬
州同驻永定河	周蓉第	浙江仁和人	监生	《缙绅全书》光绪十六年春
州同驻永定河	周蓉第	浙江仁和人	监生	《缙绅全书》光绪十六年冬
州同驻永定河	周蓉第	浙江仁和人	监生	《爵秩全览》光绪十八年春
州同驻永定河	周蓉第	浙江仁和人	监生	《爵秩全览》光绪十八年秋
州同驻永定河	周蓉第	浙江仁和人	监生	《爵秩全览》光绪十八年冬
州同驻永定河	周蓉第	浙江仁和人	监生	《缙绅全书》光绪十九年春
州同驻永定河	周蓉第	浙江仁和人	监生	《爵秩全览》光绪十九年夏

职官	人名	籍贯	出身	出处及在职时间
州同驻永定河	周蓉第	浙江仁和人	监生	《爵秩全览》光绪十九年秋
州同驻永定河	张庆平	浙江山阴人	监生	《爵秩全览》光绪十九年秋
州同驻永定河	张庆平	浙江山阴人	监生	《爵秩全览》光绪十九年冬
州同驻永定河	张庆平	浙江山阴人	监生	《爵秩全览》光绪二十年秋
州同驻永定河	张庆平	浙江山阴人	监生	《爵秩全览》光绪二十年秋
州同驻永定河	张庆平	浙江山阴人	监生	《爵秩全览》光绪二十一年夏
州同驻永定河	张庆平	浙江山阴人	监生	《爵秩全览》光绪二十一年夏
州同驻永定河	张庆平	浙江山阴人	监生	《缙绅全书》光绪二十一年冬

职官	人名	籍贯	出身	出处及在职时间
州同驻永定河	张庆平	浙江山阴人	监生	《缙绅全书》光绪二十一年冬
州同驻永定河	张庆平	浙江山阴人	监生	《缙绅全书》光绪二十二年春
州同驻永定河	张庆平	浙江山阴人	监生	《缙绅全书》光绪二十二年春
州同驻永定河	张庆平	浙江山阴人	监生	《爵秩全览》光绪二十二年秋
州同驻永定河	张庆平	浙江山阴人	监生	《爵秩全览》光绪二十二年秋
州同驻永定河	张庆平	浙江山阴人	监生	《爵秩全览》光绪二十三年夏
州同驻永定河	张庆平	浙江山阴人	监生	《爵秩全览》光绪二十三年夏
州同驻永定河	张庆平	浙江山阴人	监生	《爵秩全览》光绪二十三年冬
州同驻永定河	张庆平	浙江山阴人	监生	《爵秩全览》光绪二十四年春

职官	人名	籍贯	出身	出处及在职时间
州同驻永定河	张庆平	浙江山阴人	监生	《爵秩全览》光绪二十四年秋
州同驻永定河	张庆平	浙江山阴人	监生	《爵秩全览》光绪二十四年冬
州同驻永定河	张庆平	浙江山阴人	监生	《缙绅全书》光绪二十四年冬
州同驻永定河	张庆平	浙江山阴人	监生	《爵秩全览》光绪二十五年春
州同驻永定河	张庆平	浙江山阴人	监生	《缙绅全书》《中枢备览》光绪二十五年春
州同驻永定河	张庆平	浙江山阴人	监生	《爵秩全览》光绪二十五年夏
州同驻永定河	张庆平	浙江山阴人	监生	《缙绅全书》光绪二十五年夏
州同驻永定河	张庆平	浙江山阴人	监生	《爵秩全览》光绪二十五年秋
州同驻永定河	张庆平	浙江山阴人	监生	《缙绅全书》《中枢备览》光绪二十五年冬

职官	人名	籍贯	出身	出处及在职时间
州同驻永定河		浙江山阴人	监生	《缙绅全书》《中枢备览》光绪二十六年春
州同驻永定河		浙江山阴人	监生	《缙绅全书》光绪二十六年夏
州同驻永定河	潘 煜	浙江山阴人	供事	《爵秩全览》光绪二十六年秋
州同驻永定河	潘 煜	浙江山阴人	供事	《缙绅全书》光绪二十七年春
州同驻永定河	潘 煜	浙江山阴人	供事	《爵秩全览》光绪二十七年冬
州同驻永定河	李樹才	浙江山阴人	监生	《缙绅全书》《中枢备览》光绪三十一年春
州同驻永定河	李樹才	浙江山阴人	监生	《爵秩全览》光绪三十一年夏
州同驻永定河	李樹才	浙江山阴人	监生	《缙绅全书》《中枢备览》光绪三十一年夏
州同驻永定河	李樹才	浙江山阴人	监生	《爵秩全览》光绪三十一年秋
州同驻永定河	李福铭	浙江仁和人	吏员	《爵秩全览》光绪三十二年春

职官	人名	籍贯	出身	出处及在职时间
州同驻永定河	李福铭	浙江仁和人	吏员	《缙绅全书》《中枢备览》光绪三十二年春
州同驻永定河	李福铭	浙江仁和人	吏员	《缙绅全书》光绪三十二年夏
州同驻永定河	李福铭	浙江仁和人	吏员	《缙绅全书》光绪三十二年秋
州同驻永定河	李福铭	浙江仁和人	吏员	《缙绅全书》光绪三十二年冬
州同驻永定河	李福铭	浙江仁和人	吏员	《缙绅全书》《中枢备览》光绪三十三年夏
州同驻永定河	李福铭	浙江仁和人	吏员	《爵秩全览》光绪三十三年冬
州同驻永定河	李福铭	浙江仁和人	吏员	《爵秩全览》光绪三十三年冬
州同驻永定河	李福铭	浙江仁和人	吏员	《最新百官绿》光绪三十四年春
州同驻永定河	李福铭	浙江仁和人	吏员	《爵秩全览》光绪三十四年秋
州同驻永定河	李福铭	浙江仁和人	吏员	《爵秩全览》光绪三十四年秋

职官	人名	籍贯	出身	出处及在职时间
州同驻永定河	李福铭	浙江仁和人	吏员	《爵秩全览》宣统元年春
州同驻永定河	李福铭	浙江仁和人	吏员	《爵秩全览》宣统元年春
州同驻永定河	李福铭	浙江仁和人	吏员	《爵秩全览》宣统元年秋
州同驻永定河	李福铭	浙江仁和人	吏员	《爵秩全览》宣统元年秋
州同驻永定河	李福铭	浙江仁和县人	吏员	《爵秩全览》宣统二年春
州同驻永定河	李福铭	浙江仁和人	吏员	《爵秩全览》宣统二年夏
州同驻永定河	李福铭	浙江仁和人	吏员	《爵秩全览》宣统二年秋
州同驻永定河	李福铭	浙江仁和人	吏员	《爵秩全览》宣统二年冬
州同驻永定河	李福铭	浙江仁和人	吏员	《爵秩全览》宣统三年春

职官	人名	籍贯	出身	出处及在职时间
州同驻永定河	李福铭	浙江仁和人	吏员	《爵秩全览》宣统三年夏
州同驻永定河	李福铭	浙江仁和人	吏员	《爵秩全览》宣统三年秋
州同驻永定河	刘义	四川铜梁县人	监生	《职官录》宣统三年冬
州同驻永定河	刘义	四川铜梁县人	监生	《职官录》宣统四年春

州同驻三角淀

职官	人名	籍贯	出身	出处及在职时间
州同驻三角淀	范绍文	浙江石门人		《缙绅新书》乾隆二十五年冬
州同驻三角淀	范绍文	浙江石门人		《缙绅全本》乾隆二十六年秋
州同驻三角淀	张壬仕	湖北汉阳人	监生	《缙绅全书》乾隆三十年春

职官	人名	籍贯	出身	出处及在职时间
州同驻三角淀	张壬仕	湖北汉阳人	监生	《爵秩全本》乾隆三十年冬
州同驻三角淀	张壬仕	湖北汉阳人	监生	《爵秩全本》乾隆三十三年秋
州同驻三角淀	张瑄	直隶人	监生	《缙绅全书》《中枢备览》乾隆四十二年秋
州同驻三角淀		安徽桐城人	监生	《缙绅全书》嘉庆元年春
州同驻三角淀	王象恒	浙江钱塘人	监生	《缙绅全书》嘉庆二年冬
州同驻三角淀	王象恒	浙江钱塘人	监生	《缙绅全书》嘉庆三年秋
州同驻三角淀	王象恒	浙江钱塘人	监生	《缙绅全书》嘉庆三年冬
州同驻三角淀	陈起鸿	浙江山阴人	监生	《缙绅全书》嘉庆五年冬
州同驻三角淀	吴怀	浙江山阴人	议叙	《缙绅全书》嘉庆九年春
州同驻三角淀	吴怀	浙江山阴人	议叙	《缙绅全书》《中枢备览》嘉庆十一年春

职官	人名	籍贯	出身	出处及在职时间
州同驻三角淀		浙江桐乡人	监生	《缙绅全书》《中枢备览》嘉庆十一年春
州同驻三角淀	吴　怀	浙江山阴人	议叙	《缙绅全书》嘉庆十一年夏
州同驻三角淀	郑以僩	江苏如皋人	监生	《缙绅全书》嘉庆十七年秋
州同驻三角淀		浙江归安人	监生	《缙绅全书》《中枢备览》道光二十二年春
州判驻三角淀	晋锡	江苏常熟人	监生	《缙绅全书》道光二十二年冬

州　同

职官	人名	籍贯	出身	出处及在职时间
州同	蒋宗墉	安徽怀宁人	监生	《缙绅全书》嘉庆二十一年冬
州同	祝庆谷	河南固始人	监生	《缙绅全书》嘉庆二十二年春

职官	人名	籍贯	出身	出处及在职时间
州同	祝庆谷	河南固始人	监生	《缙绅全书》（小）嘉庆二十二年冬
州同	蒋宗墉	安徽怀宁人	监生	《缙绅全书》嘉庆二十五年夏
州同	胡传冉	江苏武进人	监生	《缙绅全书》《中枢备览》道光四年夏
州同	胡传冉	江苏武进人	监生	《缙绅全书》道光四年夏
州同	康 诰	江苏清河人	监生	《爵秩全览》道光六年秋
州同	宫兆庚	山东蓬莱人	副贡	《缙绅全书》同治十三年春
州同	宫兆庚	山东蓬莱人	副贡	《爵秩全览》同治十三年夏
州同	宫兆庚	山东蓬莱人	副贡	《缙绅全书》同治十三年秋

职官	人名	籍贯	出身	出处及在职时间
州同	宫兆庚	山东蓬莱人	副贡	《缙绅全书》同治十三年冬
州同	宫兆庚	山东蓬莱人	副贡	《爵秩全览》同治十三年冬
州同	宫兆庚	山东蓬莱人	副贡	《缙绅全书》《中枢备览》同治十三年冬
州同	宫兆庚	山东蓬莱人	副贡	《爵秩全览》光绪元年夏
州同	宫兆庚	山东蓬莱人	副贡	《爵秩全览》光绪元年秋
州同	宫兆庚	山东蓬莱人	副贡	《缙绅全书》光绪二年秋
州同	陈 枫	浙江山阴人	监生	《缙绅全书》《中枢备览》光绪三年夏
州同	陈 枫	浙江山阴人	监生	《缙绅全书》光绪三年秋

职官	人名	籍贯	出身	出处及在职时间
州同	陈　枫	浙江山阴人	监生	《爵秩全览》光绪三年冬
州同	陈　枫	浙江山阴人	监生	《缙绅全书》《中枢备览》光绪四年秋
州同	陈　枫	浙江山阴人	监生	《爵秩全览》光绪四年冬
州同	陈　枫	浙江山阴人	监生	《缙绅全书》光绪五年春
州同	陈　枫	浙江山阴人	监生	《缙绅全书》光绪五年秋
州同	陈　枫	浙江山阴人	监生	《缙绅全书》《中枢备览》光绪五年冬
州同	陈　枫	浙江山阴人	监生	《缙绅全书》光绪七年春
州同	茅光耀	浙江山阴人	监生	《爵秩全览》光绪七年冬
州同	茅光耀	浙江山阴人	监生	《缙绅全书》光绪七年冬

职官	人名	籍贯	出身	出处及在职时间
州同	茅光耀	浙江山阴人	监生	《缙绅全书》光绪八年冬
州同	茅光耀	浙江山阴人	监生	《爵秩全览》光绪十年夏
州同	章兆容	安徽桐城县人	监生	《爵秩全览》光绪十年秋
州同	章兆容	安徽桐城县人	监生	《爵秩全览》光绪十一年春
州同	章兆容	安徽桐城县人	监生	《爵秩全览》光绪十一年夏
州同	章兆容	安徽桐城县人	监生	《爵秩全览》光绪十一年秋
州同	潘煜	浙江山阴人	供事	《缙绅全书》《中枢备览》光绪二十七年冬
州同	潘煜	浙江山阴人	供事	《爵秩全览》光绪二十八年春
州同	潘煜	浙江山阴人	供事	《缙绅全书》《中枢备览》光绪二十八年夏 《爵秩全览》

职官	人名	籍贯	出身	出处及在职时间
州同	潘 煜	浙江山阴人	供事	《爵秩全览》光绪二十八年秋
州同	潘 煜	浙江山阴人	供事	《缙绅全书》《中枢备览》光绪二十八年冬
州同		浙江山阴人		《爵秩全览》光绪二十九年春《缙绅全书》《中枢备览》
州同		浙江山阴人		《缙绅全书》光绪二十九年夏
州同		浙江山阴人		《缙绅全书》《中枢备览》光绪二十九年秋
州同	李樹才	浙江山阴人	监生	《缙绅全书》《中枢备览》光绪二十九年冬
州同	李樹才	浙江山阴人	监生	《缙绅全书》《中枢备览》光绪三十年春
州同	李樹才	浙江山阴人	监生	《爵秩全览》光绪三十年夏
州同	李樹才	浙江山阴人	监生	《缙绅全书》《中枢备览》光绪三十年夏

职官	人名	籍贯	出身	出处及在职时间
州同	李樹才	浙江山阴人	监生	《缙绅全书》光绪三十年冬

州判驻永定河

职官	人名	籍贯	出身	出处及在职时间
州判驻永定河	常凌汉	山东宁海州人	监生	《缙绅全书》宣统元年冬

州判驻三角淀

职官	人名	籍贯	出身	出处及在职时间
州判驻三角淀	朱云林	江西人	举人	《缙绅新书》乾隆十三年春
州判驻三角淀	张法曾	直隶人	监生	《缙绅新书》乾隆二十五年冬

职官	人名	籍贯	出身	出处及在职时间
州判驻三角淀	张法曾	直隶人	监生	《缙绅全本》乾隆二十六年秋
州判驻三角淀	张法曾	直隶人	监生	《缙绅全书》乾隆三十年春
州判驻三角淀	张法曾	直隶人	监生	《爵秩全本》乾隆三十年冬
州判驻三角淀		直隶景州人	监生	《爵秩全本》乾隆三十三年秋
州判驻三角淀	沈鹤源	浙江人	监生	《缙绅全书》《中枢备览》乾隆四十二年秋
州判驻三角淀	归恩燕	江苏常熟人	保举	《缙绅全书》《中枢备览》乾隆五十三年春
州判驻三角淀	郑 重	浙江余姚人		《缙绅全书》《中枢备览》乾隆五十三年春
州判驻三角淀	李光绪	江苏沛县人	监生	《缙绅全书》嘉庆元年春

职官	人名	籍贯	出身	出处及在职时间
州判驻三角淀	李光绪	江苏沛县人	监生	《缙绅全书》嘉庆二年冬
州判驻三角淀	李光绪	江苏沛县人	监生	《缙绅全书》嘉庆三年秋
州判驻三角淀	李光绪	江苏沛县人	监生	《缙绅全书》嘉庆三年冬
州判驻三角淀	李光绪	江苏沛县人	监生	《缙绅全书》嘉庆五年冬
州判驻三角淀	王锡景	江苏人	监生	《缙绅全书》嘉庆九年春
州判驻三角淀	毛占枢	浙江余姚人	监生	《缙绅全书》嘉庆十七年秋
州判驻三角淀	万启逊	江西南昌人	监生	《缙绅全书》道光七年春
州判驻三角淀	张　梦	江苏铜山人	监生	《缙绅全书》道光七年春

职官	人名	籍贯	出身	出处及在职时间
州判驻三角淀	沈元文	浙江归安人	监生	《缙绅全书》《中枢备览》道光十三年夏
州判驻三角淀	沈元文	浙江归安人	监生	《缙绅全书》《中枢备览》道光十三年夏
州判驻三角淀	沈元文	浙江归安人	监生	《缙绅全书》道光十四年春
州判驻三角淀	沈元文	浙江归安人	监生	《缙绅全书》道光十四年夏
州判驻三角淀	沈元文	浙江归安人	监生	《缙绅全书》道光十六年秋
州判驻三角淀	沈元文	浙江归安人	监生	《缙绅全书》《中枢备览》道光十六年冬
州判驻三角淀	沈元文	浙江归安人	监生	《缙绅全书》道光十七年秋
州判驻三角淀	沈元文	浙江归安人	监生	《缙绅全书》道光十八年夏

职官	人名	籍贯	出身	出处及在职时间
州判驻三角淀	沈元文	浙江归安人	监生	《缙绅全书》《爵秩全览》道光十九年夏
州判驻三角淀	沈元文	浙江归安人	监生	《缙绅全书》道光二十年秋
州判驻三角淀	沈元文	浙江归安人	监生	《缙绅全书》道光二十年冬
州判驻三角淀	张 □	江苏宿迁人	举人	《缙绅全书》道光二十五年夏
州判驻三角淀	张 □	江苏宿迁人	举人	《缙绅全书》道光二十五年秋
州判驻三角淀	罗廷庄	广西马平人	监生	《爵秩全览》道光二十六年
州判驻三角淀		广西人	监生	《缙绅全书》道光二十七年夏
州判驻三角淀	陈士全	江苏江宁人	举人	《缙绅全书》道光二十七年秋

职官	人名	籍贯	出身	出处及在职时间
州判驻三角淀	陈士全	江苏江宁人	举人	《缙绅全书》道光二十八年冬
州判驻三角淀	陈士全	江苏江宁人	举人	《缙绅全书》道光二十九年夏
州判驻三角淀		江苏江宁人	举人	《爵秩全览》道光二十八年夏
州判驻三角淀	曹文懿	山西介休人	监生	《爵秩全览》咸丰元年夏
州判驻三角淀	曹文懿	山西介休人	监生	《爵秩全览》咸丰二年冬
州判驻三角淀	曹文懿	山西介休人	监生	《缙绅全书》咸丰三年夏
州判驻三角淀	罗廷庄	广西马平人	监生	《缙绅全书》咸丰四年春
州判驻三角淀	曹文懿	山西介休人	监生	《缙绅全书》咸丰四年

职官	人名	籍贯	出身	出处及在职时间
州判驻三角淀		山西介休人	监生	《缙绅全书》咸丰六年春
州判驻三角淀	何承祐	江苏上元人	监生	《爵秩全览》咸丰六年夏
州判驻三角淀	何承祐	江苏上元人	监生	《爵秩全览》咸丰六年夏
州判驻三角淀	何承祐	江苏上元人	监生	《爵秩全览》咸丰六年夏
州判驻三角淀	何承祐	江苏上元人	监生	《缙绅全书》咸丰八年冬
州判驻三角淀	何承祐	江苏上元人	监生	《缙绅全书》咸丰八年冬
州判驻三角淀	何承祐	江苏上元人	监生	《缙绅全书》咸丰十年秋
州判驻三角淀	何承祐	江苏上元人	监生	《缙绅全书》咸丰十年秋

职官	人名	籍贯	出身	出处及在职时间
州判驻三角淀			俊秀	《缙绅全书》同治四年夏
州判驻三角淀	宫兆庚	山东蓬莱人	副贡	《缙绅全书》同治六年春
州判驻三角淀	宫兆庚	山东蓬莱人	副贡	《缙绅全书》同治六年秋
州判驻三角淀	宫兆庚	山东蓬莱人	副贡	《缙绅全书》同治八年春
州判驻三角淀	宫兆庚	山东蓬莱人	副贡	《缙绅全书》同治八年冬
州判驻三角淀	宫兆庚	山东蓬莱人	副贡	《爵秩全览》同治九年春
州判驻三角淀	宫兆庚	山东蓬莱人	副贡	《缙绅全书》同治九年夏
州判驻三角淀	宫兆庚	山东蓬莱人	副贡	《爵秩全览》同治九年秋
州判驻三角淀	宫兆庚	山东蓬莱人	副贡	《缙绅全书》同治九年冬

职官	人名	籍贯	出身	出处及在职时间
州判驻三角淀	宫兆庚	山东蓬莱人	副贡	《缙绅全书》同治十年春
州判驻三角淀	宫兆庚	山东蓬莱人	副贡	《缙绅全书》同治十年夏
州判驻三角淀		山东蓬莱人	副贡	《缙绅全书》同治十一年夏
州判驻三角淀		山东蓬莱人	副贡	《缙绅全书》《中枢备览》同治十一年秋
州判驻三角淀	曹澍鋐	湖北江夏人	监生	《缙绅全书》同治十二年冬
州判驻三角淀	钱承禧	浙江山阴人	监生	《爵秩全览》光绪十二年夏
州判驻三角淀	钱承禧	浙江山阴人	监生	《缙绅全书》光绪十二年秋
州判驻三角淀	张大经	奉天宁远州人	监生	《爵秩全览》光绪十三年春
州判驻三角淀	吴宗麒	奉天锦县人	监生	《缙绅全书》《中枢备览》光绪十三年夏

职官	人名	籍贯	出身	出处及在职时间
州判驻三角淀	吴宗麒	奉天锦县人	监生	《缙绅全书》光绪十三年冬
州判驻三角淀	吴宗麒	奉天锦县人	监生	《缙绅全书》光绪十四年夏
州判驻三角淀	吴宗麒	奉天锦县人	监生	《爵秩全览》光绪十四年冬
州判驻三角淀	吴宗麒	奉天锦县人	监生	《爵秩全览》光绪十五年夏
州判驻三角淀	吴宗麒	奉天锦县人	监生	《爵秩全览》光绪十五年秋
州判驻三角淀	张庆平	浙江山阴人	监生	《缙绅全书》光绪十六年春
州判驻三角淀	张庆平	浙江山阴人	监生	《缙绅全书》光绪十六年冬
州判驻三角淀	张庆平	浙江山阴人	监生	《爵秩全览》光绪十八年春

职官	人名	籍贯	出身	出处及在职时间
州判驻三角淀	张庆平	浙江山阴人	监生	《爵秩全览》光绪十八年秋
州判驻三角淀	张庆平	浙江山阴人	监生	《爵秩全览》光绪十八年冬
州判驻三角淀	张庆平	浙江山阴人	监生	《缙绅全书》光绪十九年春
州判驻三角淀	张庆平	浙江山阴人	监生	《爵秩全览》光绪十九年夏
州判驻三角淀	张庆平	浙江山阴人	监生	《爵秩全览》光绪十九年秋
州判驻三角淀		浙江山阴人	监生	《爵秩全览》光绪十九年秋
州判驻三角淀	张庆平	浙江山阴人	监生	《爵秩全览》光绪十九年冬
州判驻三角淀	翟鼎升	山东淄川人	供事	《爵秩全览》光绪十九年冬

职官	人名	籍贯	出身	出处及在职时间
州判驻三角淀	翟鼎升	山东淄川人	供事	《爵秩全览》光绪二十年秋
州判驻三角淀	潘 煜	浙江山阴人	供事	《爵秩全览》光绪二十年秋
州判驻三角淀	潘 煜	浙江山阴人	供事	《爵秩全览》光绪二十一年夏
州判驻三角淀	潘 煜	浙江山阴人	供事	《爵秩全览》光绪二十一年夏
州判驻三角淀	潘 煜	浙江山阴人	供事	《缙绅全书》光绪二十一年冬
州判驻三角淀	潘 煜	浙江山阴人	供事	《缙绅全书》光绪二十一年冬
州判驻三角淀	潘 煜	浙江山阴人	供事	《缙绅全书》光绪二十二年春
州判驻三角淀	潘 煜	浙江山阴人	供事	《缙绅全书》光绪二十二年春

职官	人名	籍贯	出身	出处及在职时间
州判驻三角淀	潘　煜	浙江山阴人	供事	《爵秩全览》光绪二十二年秋
州判驻三角淀	潘　煜	浙江山阴人	供事	《爵秩全览》光绪二十二年秋
州判驻三角淀	潘　煜	浙江山阴人	供事	《爵秩全览》光绪二十三年夏
州判驻三角淀	潘　煜	浙江山阴人	供事	《爵秩全览》光绪二十三年夏
州判驻三角淀	潘　煜	浙江山阴人	供事	《爵秩全览》光绪二十三年冬
州判驻三角淀	潘　煜	浙江山阴人	供事	《爵秩全览》光绪二十四年春
州判驻三角淀	潘　煜	浙江山阴人	供事	《爵秩全览》光绪二十四年秋
州判驻三角淀	潘　煜	浙江山阴人	供事	《爵秩全览》光绪二十四年冬

职官	人名	籍贯	出身	出处及在职时间
州判驻三角淀	潘 煜	浙江山阴人	供事	《缙绅全书》光绪二十四年冬
州判驻三角淀	潘 煜	浙江山阴人	供事	《爵秩全览》光绪二十五年春
州判驻三角淀	潘 煜	浙江山阴人	供事	《缙绅全书》《中枢备览》光绪二十五年春
州判驻三角淀	潘 煜	浙江山阴人	供事	《爵秩全览》光绪二十五年夏
州判驻三角淀	潘 煜	浙江山阴人	供事	《缙绅全书》光绪二十五年夏
州判驻三角淀	潘 煜	浙江山阴人	供事	《爵秩全览》光绪二十五年秋
州判驻三角淀	潘 煜	浙江山阴人	供事	《缙绅全书》《中枢备览》光绪二十五年冬
州判驻三角淀	潘 煜	浙江山阴人	供事	《缙绅全书》《中枢备览》光绪二十六年春
州判驻三角淀	潘 煜	浙江山阴人	供事	《缙绅全书》光绪二十六年夏

职官	人名	籍贯	出身	出处及在职时间
州判驻三角淀	陈庆蕃	浙江钱塘人	监生	《爵秩全览》光绪二十七年冬
州判驻三角淀	李福铭	浙江仁和人	吏员	《缙绅全书》《中枢备览》光绪三十一年春
州判驻三角淀	李福铭	浙江仁和人	吏员	《爵秩全览》光绪三十一年夏
州判驻三角淀	李福铭	浙江仁和人	吏员	《缙绅全书》《中枢备览》光绪三十一年夏
州判驻三角淀	李福铭	浙江仁和人	吏员	《爵秩全览》光绪三十一年秋
州判驻三角淀	李福铭	浙江仁和人	吏员	《爵秩全览》光绪三十一年冬
州判驻三角淀	常凌汉	山东宁海人	监生	《缙绅全书》光绪三十二年秋
州判驻三角淀	常凌汉	山东宁海人	监生	《缙绅全书》光绪三十二年冬
州判驻三角淀	常凌汉	山东宁海人	监生	《爵秩全览》光绪三十二年冬

职官	人名	籍贯	出身	出处及在职时间
州判驻三角淀	常凌汉	山东宁海人	监生	《爵秩全览》光绪三十三年春
州判驻三角淀	常凌汉	山东宁海人	监生	《缙绅全书》《中枢备览》光绪三十三年夏
州判驻三角淀	常凌汉	山东宁海人	监生	《缙绅全书》《中枢备览》光绪三十三年夏
州判驻三角淀	常凌汉	山东宁海人	监生	《爵秩全览》光绪三十三年冬
州判驻三角淀	常凌汉	山东宁海人	监生	《爵秩全览》光绪三十三年冬
州判驻三角淀	常凌汉	山东宁海人	监生	《最新百官绿》光绪三十四年春
州判驻三角淀	常凌汉	山东宁海人	监生	《爵秩全览》光绪三十四年秋
州判驻三角淀	常凌汉	山东宁海人	监生	《爵秩全览》光绪三十四年秋
州判驻三角淀	常凌汉	山东宁海人	监生	《爵秩全览》宣统元年春

职官	人名	籍贯	出身	出处及在职时间
州判驻三角淀	常凌汉	山东宁海人	监生	《爵秩全览》宣统元年春
州判驻三角淀	常凌汉	山东宁海人	监生	《爵秩全览》宣统元年秋
州判驻三角淀	常凌汉	山东宁海人	监生	《爵秩全览》宣统元年秋
州判驻三角淀	常凌汉	山东宁海州人	监生	《爵秩全览》宣统二年春
州判驻三角淀	常凌汉	山东宁海州人	监生	《爵秩全览》宣统二年夏
州判驻三角淀	常凌汉	山东宁海州人	监生	《爵秩全览》宣统二年秋
州判驻三角淀	常凌汉	山东宁海州人	监生	《爵秩全览》宣统二年冬
州判驻三角淀	常凌汉	山东宁海州人	监生	《爵秩全览》宣统三年春
州判驻三角淀	常凌汉	山东宁海州人	监生	《爵秩全览》宣统三年夏

职官	人名	籍贯	出身	出处及在职时间
州判驻三角淀	常凌汉	山东宁海州人	监生	《爵秩全览》宣统三年秋
州判驻三角淀	常凌汉	山东宁海州人	监生	《职官录》宣统三年冬
州判驻三角淀	常凌汉	山东宁海州人	监生	《职官录》宣统四年春

州　判

职官	人名	籍贯	出身	出处及在职时间
州判	刘永清	镶白旗人	监生	《缙绅新书》乾隆十三年春
州判	朱崇诰	山东历城人	监生	《缙绅新书》乾隆二十五年冬
州判	朱崇诰	山东历城人	监生	《缙绅全本》乾隆二十六年秋
州判	朱崇诰	山东历城人	监生	《缙绅全书》乾隆三十年春

职官	人名	籍贯	出身	出处及在职时间
州判	朱崇诰	山东历城人	监生	《爵秩全本》乾隆三十年冬
州判		江苏常州人	监生	《爵秩全本》乾隆三十三年秋
州判	毛占枢	浙江余姚人	监生	《缙绅全书》嘉庆二十一年冬
州判	毛占枢	浙江余姚人	监生	《缙绅全书》嘉庆二十二年春
州判	毛占枢	浙江余姚人	监生	《缙绅全书》（小）嘉庆二十二年冬
州判	毛占枢	浙江余姚人	监生	《缙绅全书》嘉庆二十五年夏
州判	毛占枢	浙江余姚人	监生	《缙绅全书》《中枢备览》道光四年夏
州判	毛占枢	浙江余姚人	监生	《缙绅全书》道光四年夏
州判	万启逊	江西南昌人	监生	《爵秩全览》道光六年秋

职官	人名	籍贯	出身	出处及在职时间
北岸六工管河州判	杨晋锡	江苏常熟人	监生	《缙绅全书》道光二十年冬
州判	曹澍鋐	湖北江夏人	监生	《缙绅全书》同治十三年春
州判	曹澍鋐	湖北江夏人	监生	《爵秩全览》同治十三年夏
州判	曹澍鋐	湖北江夏人	监生	《缙绅全书》同治十三年秋
州判	曹澍鋐	湖北江夏人	监生	《缙绅全书》同治十三年冬
州判	曹澍鋐	湖北江夏人	监生	《爵秩全览》同治十三年冬
州判	曹澍鋐	湖北江夏人	监生	《缙绅全书》《中枢备览》同治十三年冬
州判	李传馨	浙江仁和人	监生	《爵秩全览》光绪元年秋

职官	人名	籍贯	出身	出处及在职时间
州判	李传馨	浙江仁和人	监生	《缙绅全书》光绪二年秋
州判	李传馨	浙江仁和人	监生	《爵秩全览》光绪二年冬
州判	李传馨	浙江仁和人	监生	《缙绅全书》《中枢备览》光绪三年夏
州判	李传馨	浙江仁和人	监生	《缙绅全书》光绪三年秋
州判	李传馨	浙江仁和人	监生	《爵秩全览》光绪三年冬
州判	李传馨	浙江仁和人	监生	《缙绅全书》《中枢备览》光绪四年秋
州判	李传馨	浙江仁和人	监生	《爵秩全览》光绪四年冬
州判	李传馨	浙江仁和人	监生	《缙绅全书》光绪五年春

职官	人名	籍贯	出身	出处及在职时间
州判	钱承禧	浙江山阴人	监生	《缙绅全书》光绪五年秋
州判	钱承禧	浙江山阴人	监生	《缙绅全书》《中枢备览》光绪五年冬
州判	钱承禧	浙江山阴人	监生	《缙绅全书》光绪七年春
州判	钱承禧	浙江山阴人	监生	《爵秩全览》光绪七年冬
州判	钱承禧	浙江山阴人	监生	《缙绅全书》光绪七年冬
州判	钱承禧	浙江山阴人	监生	《缙绅全书》光绪八年冬
州判	钱承禧	浙江山阴人	监生	《爵秩全览》光绪十年夏
州判	钱承禧	浙江山阴人	监生	《爵秩全览》光绪十年秋
州判	钱承禧	浙江山阴人	监生	《爵秩全览》光绪十一年春
州判	钱承禧	浙江山阴人	监生	《爵秩全览》光绪十一年夏

职官	人名	籍贯	出身	出处及在职时间
州判	钱承禧	浙江山阴人	监生	《爵秩全览》光绪十一年秋
州判	陈庆蕃	浙江钱塘人	监生	《缙绅全书》《中枢备览》光绪二十七年冬
州判	陈庆蕃	浙江钱塘人	监生	《爵秩全览》光绪二十八年春
州判驻三角淀	陈庆蕃	浙江钱塘人	监生	《缙绅全书》《中枢备览》光绪二十八年夏
州判	陈庆蕃	浙江钱塘人	监生	《爵秩全览》光绪二十八年秋
州判	陈庆蕃	浙江钱塘人	监生	《缙绅全书》《中枢备览》光绪二十八年冬
州判		浙江钱塘人	监生	《爵秩全览》光绪二十九年春
州判	李福铭	浙江仁和人	吏员	《缙绅全书》光绪二十九年夏
州判	李福铭	浙江仁和人	吏员	《爵秩全览》光绪二十九年秋
州判	李福铭	浙江仁和人	吏员	《缙绅全书》《中枢备览》光绪二十九年秋

职官	人名	籍贯	出身	出处及在职时间
州判	李福铭	浙江仁和人	吏员	《缙绅全书》《中枢备览》光绪二十九年冬
州判	李福铭	浙江仁和人	吏员	《缙绅全书》《中枢备览》光绪三十年春
州判	李福铭	浙江仁和人	吏员	《爵秩全览》光绪三十年夏
州判	李福铭	浙江仁和人	吏员	《缙绅全书》《中枢备览》光绪三十年夏
州判	李福铭	浙江仁和人	吏员	《缙绅全书》光绪三十年冬

知州加一级

职官	人名	籍贯	出身	出处及在职时间
知州加一级	吴龙光	浙江钱塘人	举人	《缙绅全书》乾隆三十年春
知州加一级	吴龙光	浙江钱塘人	举人	《爵秩全本》乾隆三十年冬

职官	人名	籍贯	出身	出处及在职时间
知州加一级	李汝琬	山西咸宁人	贡生	《爵秩全本》乾隆三十三年秋
知州加一级	张元济	山西人	贡生	《缙绅全书》《中枢备览》乾隆四十二年秋
知州加一级	戴 治	四川中江人		《缙绅全书》《中枢备览》乾隆五十三年春
知州加一级	顾宾臣	江苏人	监生	《缙绅全书》嘉庆元年春
知州加一级	顾宾臣	江苏人	监生	《缙绅全书》嘉庆二年冬
知州加一级	顾宾臣	江苏人	监生	《缙绅全书》嘉庆三年秋
知州加一级	顾宾臣	江苏人	监生	《缙绅全书》嘉庆三年冬
知州加一级	顾宾臣	江苏人	监生	《缙绅全书》嘉庆五年冬
知州加一级	顾宾臣	江苏人	监生	《缙绅全书》嘉庆九年春

职官	人名	籍贯	出身	出处及在职时间
知州加一级	邹慕峄	湖北麻城人	附贡	《缙绅全书》《中枢备览》嘉庆十一年春
知州加一级	张道源	山西浮山人	贡生	《民国霸县新志》《缙绅全书》嘉庆十七年秋

备注：《民国霸县新志》载其姓名为张道渥。

职官	人名	籍贯	出身	出处及在职时间
知州加一级	卢 奎	山西永济人	进士	《缙绅全书》嘉庆二十一年冬
知州加一级	何 贞	浙江山阴人	监生	《缙绅全书》嘉庆二十二年春
知州加一级	何 贞	浙江山阴人	监生	《缙绅全书》（小）嘉庆二十二年冬
知州加一级	卢 奎	山西永济人		《缙绅全书》嘉庆二十五年夏
知州加一级	胡 寅	湖北天门人	举人	《缙绅全书》《中枢备览》道光四年夏
知州加一级	卢建基	四川垫江人	监生	《缙绅全书》道光七年春

职官	人名	籍贯	出身	出处及在职时间
知州加一级	卢建基	四川垫江人	监生	《缙绅全书》道光七年春
知州加一级	姬　均	河南夏邑人	附贡	《缙绅全书》《中枢备览》道光十三年夏
知州加一级	姬　均	河南夏邑人	附贡	《缙绅全书》《中枢备览》道光十三年夏
知州加一级	姬　均	河南夏邑人	附贡	《缙绅全书》道光十四年夏
知州加一级	姬　均	河南夏邑人	附贡	《缙绅全书》道光十四年夏
知州加一级	姬　均	河南夏邑人	附贡	《缙绅全书》道光十六年秋
知州加一级	姬　均	河南夏邑人	附贡	《缙绅全书》《中枢备览》道光十六年冬
知州加一级	姬　均	河南夏邑人	附贡	《缙绅全书》道光十七年秋
知州加一级	姬　均	河南夏邑人	附贡	《缙绅全书》道光十八年夏

职官	人名	籍贯	出身	出处及在职时间
知州加一级	姬 均	河南夏邑人	附贡	《缙绅全书》《爵秩全览》道光十九年夏
知州加一级	高际昌	安徽舒城人	职员	《缙绅全书》道光二十年秋
知州加一级	高际昌	安徽舒城人	职员	《缙绅全书》道光二十年冬
知州加一级	高际昌	安徽舒城人	职员	《缙绅全书》《中枢备览》道光二十二年春
知州加一级	高际昌	安徽舒城人	职员	《缙绅全书》道光二十二年冬
知州加一级	刘体直	山西太平人	监生	《缙绅全书》道光二十五年夏
知州加一级	刘体直	山西太平人	监生	《缙绅全书》道光二十五年夏
知州加一级		河南太康人	监生	《缙绅全书》道光二十七年夏
知州加一级	龚泰楷	江苏人	监生	《缙绅全书》道光二十七年秋

职官	人名	籍贯	出身	出处及在职时间
知州加一级	乔作新	山西闻喜人	监生	《爵秩全览》道光二十八年夏
知州加一级	乔作新	山西闻喜人	监生	《爵秩全览》道光二十八年夏
知州加一级	乔作新	山西闻喜人	监生	《爵秩全览》咸丰元年夏
知州加一级		河南太康人	监生	《缙绅全书》咸丰四年春
知州加一级	赵　瀚	云南昆明人	举人	《爵秩全览》咸丰六年春
知州加一级	赵　瀚	云南昆明人	举人	《缙绅全书》咸丰八年冬
知州加一级	赵　瀚	云南昆明人	举人	《缙绅全书》咸丰九年夏
知州加一级	陈如瑶	山东菏泽人	附贡	《缙绅全书》同治四年夏
知州加一级	陈如瑶	山东菏泽人	附贡	《缙绅全书》同治六年春

职官	人名	籍贯	出身	出处及在职时间
知州加一级	陈如瑶	山东菏泽人	附贡	《缙绅全书》同治八年冬
知州加一级	陈如瑶	山东菏泽人	附贡	《缙绅全书》同治九年夏
知州加一级	陈如瑶	山东菏泽人	附贡	《爵秩全览》同治九年秋
知州加一级	陈如瑶	山东菏泽人	附贡	《缙绅全书》同治九年冬
知州加一级	陈如瑶	山东菏泽人	附贡	《缙绅全书》同治十年春
知州加一级	陈如瑶	山东菏泽人	附贡	《缙绅全书》同治十年夏
知州加一级		山东菏泽人	副贡	《缙绅全书》同治十一年夏
知州加一级	周乃大	浙江人	举人	《缙绅全书》《中枢备览》同治十一年秋
知州加一级	周乃大	浙江人	举人	《缙绅全书》同治十二年冬

职官	人名	籍贯	出身	出处及在职时间
知州加一级		浙江诸暨人	举人	《缙绅全书》同治十三年春
知州加一级	宋　文	奉天昌图人	贡生	《缙绅全书》同治十三年秋
知州加一级	宋　文	奉天昌图人	贡生	《缙绅全书》同治十三年冬
知州加一级	宋　文	奉天昌图人	贡生	《缙绅全书》《中枢备览》同治十三年冬
知州加一级	宋　文	奉天昌图人	贡生	《缙绅全书》光绪二年秋
知州加一级	宋　文	奉天昌图人	贡生	《缙绅全书》《中枢备览》光绪三年夏
知州加一级	宋　文	奉天昌图人	贡生	《缙绅全书》光绪三年秋
知州加一级	宋　文	奉天昌图人	贡生	《缙绅全书》《中枢备览》光绪四年秋
知州加一级	宋　文	奉天昌图人	贡生	《缙绅全书》光绪五年春

职官	人名	籍贯	出身	出处及在职时间
知州加一级	宋　文	奉天昌图人	贡生	《缙绅全书》光绪五年秋
知州加一级	宋　文	奉天昌图人	贡生	《缙绅全书》《中枢备览》光绪五年冬
知州加一级	宋　文	奉天昌图人	贡生	《缙绅全书》光绪七年春
知州加一级		奉天昌图人	贡生	《缙绅全书》光绪七年冬
知州加一级	蒋儒修	江苏无锡人	监生	《民国霸县新志》《缙绅全书》光绪八年冬

备注：《民国霸县新志》载其为光绪五年任知州。

知　州

职官	人名	籍贯	出身	出处及在职时间
知州	祖廷泰	奉天人	进士	《民国霸县新志》顺治初年

职官	人名	籍贯	出身	出处及在职时间
知州	朱议□	江西南昌人		《康熙霸州志》顺治元年
知州	王瑞	山东人		《康熙霸州志》顺治二年
知州	孙茂兰	辽东辽阳人		《康熙霸州志》顺治二年
知州	张民望	山东文水任	监生	《康熙霸州志》顺治三年
知州	崔冠玉	山东人	举人	《康熙霸州志》顺治三年
知州	田来凰	辽东辽阳人	进士	《康熙霸州志》顺治四年
知州	王来骋	满洲人	举人	《康熙霸州志》顺治七年
知州	祖廷泰	奉天人	进士	《民国霸县新志》顺治八年
知州	沈朝骋	奉天人	进士	《民国霸县新志》顺治八年

职官	人名	籍贯	出身	出处及在职时间
知州	王 度	山西沁水人		《康熙霸州志》顺志十年
知州	洪 振	江南建德人		《康熙霸州志》顺治十一年
知州	程万仞	辽东锦州人		《康熙霸州志》顺治十三年
知州	胡献瑶	辽东金州卫人		《康熙霸州志》顺治十八年
知州	王之琦			《民国霸县新志》康熙五年
知州	彭始骞	河南人		《康熙霸州志》康熙七年
知州	朱廷梅	辽东广宁人		《康熙霸州志》康熙九年
知州	吴 鑑			清文献通考康熙年间
知州	郭允文	山东黄县人		《民国霸县新志》雍正四年

职官	人名	籍贯	出身	出处及在职时间
知州	韩国瓒	广宁人	举人	《民国霸县新志》乾隆五年
知州	狄泳簾	江苏人		《缙绅新书》乾隆二十五年冬
知州	狄泳簾	江苏人		《缙绅全本》乾隆二十六年秋
知州	王安			《民国霸县新志》乾隆年间
知州	逯选	山东长青人	副榜	《民国霸县新志》乾隆年间
知州	刘坤	湖北人	副榜	《民国霸县新志》乾隆年间
知州	王鸿誉			《内阁全宗》乾隆年间
知州	朱一蜚			赈纪（乾隆刻本）乾隆年间
知州	王道亨			《宫中档案全宗》乾隆年间

职官	人名	籍贯	出身	出处及在职时间
知州	王　安			《宫中档案全宗》乾隆年间
知州	德克精额			《宫中档案全宗》乾隆年间
知州	冯履泰			《宫中档案全宗》乾隆年间
知州	李师舒	河南济源人	进士	《民国霸县新志》嘉庆九年
知州	韩宪曾	江宁人	四库馆议叙	《民国霸县新志》嘉庆十一年
知州	李元林	四川成都人	供事	《民国霸县新志》嘉庆十一年
知州	邹慕峰	湖北麻城人	附贡	《缙绅全书》嘉庆十一年夏
知州	宁云鹏	山东蓬莱人	进士	《民国霸县新志》嘉庆二十一年
知州	江兆霖	湖北黄冈人	举人	《民国霸县新志》嘉庆二十二年

职官	人名	籍贯	出身	出处及在职时间
知州	何 贞	浙江山阴人	监生	《缙绅全书》（大）嘉庆二十二年冬
知州	祝庆谷	河南固始人	监生	《缙绅全书》（大）嘉庆二十二年冬
知州	屈邦基	江苏常熟人	监生	《缙绅全书》（大）嘉庆二十二年冬
知州	毛占枢	浙江余姚人	监生	《缙绅全书》（大）嘉庆二十二年冬
知州	归懋修	江苏人	监生	《缙绅全书》（大）嘉庆二十二年冬
知州	归懋修	江苏人	监生	《缙绅全书》（小）嘉庆二十二年冬
知州	韩绍均	山西汾阳人		《民国霸县新志》嘉庆二十四年
知州	孙荣昇			《内阁全宗》嘉庆年间
知州	王敬宗	山东济宁人	优贡	《民国霸县新志》道光四年

职官	人名	籍贯	出身	出处及在职时间
知州	周锦麟	山西保德州人	副贡	《民国霸县新志》道光四年
知州	胡　寅	湖北天门人	举人	《缙绅全书》道光四年夏
知州	葛荫梓	河南虞城人	举人	《民国霸县新志》道光五年
知州	熊光禧	安徽潜山人	监生	《民国霸县新志》道光五年
知州	卢建基	四川垫江人	监生	《爵秩全览》道光六年秋
知州	孙元彬	云南昆明人	举人	《民国霸县新志》道光十年
知州	韩象鼎	山东章丘人	进士	《民国霸县新志》道光十八年
知州	丁希陶	云南楚雄人	进士	《民国霸县新志》道光十八年
知州	许本荃	湖北天门人	拔贡	《民国霸县新志》道光十九年

职官	人名	籍贯	出身	出处及在职时间
知州	毕昌绪	山东淄州人	拔贡	《民国霸县新志》道光二十二年
知州	饶春熙	云南恩安人	拔贡	《民国霸县新志》道光二十四年
知州	喻元霈	湖北黄梅人	举人	《民国霸县新志》道光二十四年
知州	杨金骏	河南太康人	监生	《民国霸县新志》道光二十六年
知州	吕圻	江西建昌人	进士	《民国霸县新志》道光二十六年
知州		河南人	监生	《爵秩全览》道光二十六年
知州	刘仲锟	山东滨州人	副贡	《民国霸县新志》道光二十七年
知州	乔作新	山西闻喜人	监生	《爵秩全览》道光二十八年夏
知州	乔作新	山西闻喜人	监生	《爵秩全览》咸丰元年夏

职官	人名	籍贯	出身	出处及在职时间
知州	乔作新	山西闻喜人	监生	《爵秩全览》咸丰元年夏
知州	杨应枚	云南人	举人	《民国霸县新志》咸丰三年
知州		山西闻喜人	监生	《缙绅全书》咸丰四年春
知州	赵　瀚	云南昆明人	举人	《爵秩全览》咸丰六年春
知州	赵　瀚	云南昆明人	举人	《爵秩全览》咸丰六年夏
知州	赵　瀚	云南昆明人	举人	《爵秩全览》咸丰七年秋
知州	赵　瀚	云南昆明人	举人	《爵秩全览》咸丰七年冬
知州	赵　瀚	云南昆明人	举人	《缙绅全书》咸丰十年秋
知州	赵　瀚	云南昆明人	举人	《缙绅全书》咸丰十年

职官	人名	籍贯	出身	出处及在职时间
知州	曾世槐	四川隆昌人	举人	《民国霸县新志》同治元年
知州	毛庆麟	浙江遂安人	拔贡	《民国霸县新志》同治二年
知州	陈如瑶	山东菏泽人	附贡	《缙绅全书》同治五年春
知州	宋维光	山西汾阳人	贡生	《民国霸县新志》同治六年
知州	陈如瑶	山东菏泽人	附贡	《爵秩全览》同治六年春
知州	陈如瑶	山东菏泽人	附贡	《缙绅全书》同治六年秋
知州	陈如瑶	山东菏泽人	附贡	《缙绅全书》同治八年春
知州	陈如瑶	山东菏泽人	附贡	《爵秩全览》同治九年春
知州	蔡寿臻	浙江桐乡人	贡生	《民国霸县新志》同治十年

职官	人名	籍贯	出身	出处及在职时间
知州	沈秉焘	浙江归安人	监生	《民国霸县新志》同治十一年
知州	李秉钧	湖北汉阳人	文童	《民国霸县新志》同治十二年
知州	王而琨	广西永福人	贡生	《民国霸县新志》同治十二年
知州	宋 文	奉天昌图人	贡生	《爵秩全览》同治十三年冬
知州	宋 文	奉天昌图人	贡生	《爵秩全览》光绪元年夏
知州	宋 文	奉天昌图人	贡生	《爵秩全览》光绪元年秋
知州	宋 文	奉天昌图人	贡生	《爵秩全览》光绪二年冬
知州	宋 文	奉天昌图人	贡生	《爵秩全览》光绪三年冬

职官	人名	籍贯	出身	出处及在职时间
知州	宋　文	奉天昌图人	贡生	《爵秩全览》光绪四年冬
知州	蒋儒修	江苏无锡人	监生	《民国霸县新志》光绪五年
知州	刘中翰	山东人	拔贡	《民国霸县新志》光绪七年
知州	陈鸿保	浙江海昌人	举人	《民国霸县新志》光绪十年
知州	蒋儒修	江苏无锡人	监生	《爵秩全览》光绪十年夏
知州	蒋儒修	江苏无锡人	监生	《爵秩全览》光绪十年秋
知州	蒋儒修	江苏无锡人	监生	《爵秩全览》光绪十一年春
知州	蒋儒修	江苏无锡人	监生	《爵秩全览》光绪十一年夏

职官	人名	籍贯	出身	出处及在职时间
知州	沈宗谟	浙江钱塘人	监生	《民国霸县新志》《爵秩全览》光绪十二年夏
备注：《民国霸县新志》载其出身为恩荫。				
知州	沈宗谟	浙江钱塘人	监生	《缙绅全书》光绪十二年秋
知州	沈宗谟	浙江钱塘人	监生	《爵秩全览》光绪十三年春
知州	沈宗谟	浙江钱塘人	监生	《缙绅全书》《中枢备览》光绪十三年夏
知州	沈宗谟	浙江钱塘人	监生	《缙绅全书》光绪十三年冬
知州	沈宗谟	浙江钱塘人	监生	《缙绅全书》光绪十四年夏
知州	沈宗谟	浙江钱塘人	监生	《爵秩全览》光绪十四年冬
知州	沈宗谟	浙江钱塘人	监生	《爵秩全览》光绪十五年夏

职官	人名	籍贯	出身	出处及在职时间
知州	沈宗谟	浙江钱塘人	监生	《爵秩全览》光绪十五年秋
知州	沈宗谟	浙江钱塘人	监生	《爵秩全览》光绪十五年冬
知州	沈宗谟	浙江钱塘人	监生	《缙绅全书》光绪十六年春
知州	沈宗谟	浙江钱塘人	监生	《缙绅全书》光绪十六年冬
知州	孟丕振	山西人	监生	《民国霸县新志》光绪十八年
知州	沈宗谟	浙江钱塘人	监生	《爵秩全览》光绪十八年春
知州	沈宗谟	浙江钱塘人	监生	《爵秩全览》光绪十八年秋
知州	沈宗谟	浙江钱塘人	监生	《爵秩全览》光绪十八年冬
知州	王言昌	云南昆明人	举人	《民国霸县新志》光绪十九年

职官	人名	籍贯	出身	出处及在职时间
知州	沈宗谟	浙江钱塘人	监生	《缙绅全书》光绪十九年春
知州	沈宗谟	浙江钱塘人	监生	《爵秩全览》光绪十九年夏
知州	沈宗谟	浙江钱塘人	监生	《爵秩全览》光绪十九年秋
知州	沈宗谟	浙江钱塘人	监生	《爵秩全览》光绪十九年秋
知州	沈宗谟	浙江钱塘人	监生	《爵秩全览》光绪十九年冬
知州	沈宗谟	浙江钱塘人	监生	《爵秩全览》光绪十九年冬
知州	沈宗谟	浙江钱塘人	监生	《爵秩全览》光绪二十年秋
知州	沈宗谟	浙江钱塘人	监生	《爵秩全览》光绪二十年秋
知州	沈宗谟	浙江钱塘人	监生	《爵秩全览》光绪二十一年夏

职官	人名	籍贯	出身	出处及在职时间
知州	沈宗谟	浙江钱塘人	监生	《爵秩全览》光绪二十一年夏
知州	沈宗谟	浙江钱塘人	监生	《缙绅全书》光绪二十一年冬
知州	沈宗谟	浙江钱塘人	监生	《缙绅全书》光绪二十一年冬
知州	沈宗谟	浙江钱塘人	监生	《缙绅全书》光绪二十二年春
知州	沈宗谟	浙江钱塘人	监生	《缙绅全书》光绪二十二年春
知州	沈宗谟	浙江钱塘人	监生	《爵秩全览》光绪二十二年秋
知州	沈宗谟	浙江钱塘人	监生	《爵秩全览》光绪二十二年秋
知州	徐国贞	江苏吴县人	供事	《民国霸县新志》光绪二十三年
知州	沈宗谟	浙江钱塘人	监生	《爵秩全览》光绪二十三年夏

职官	人名	籍贯	出身	出处及在职时间
知州	沈宗谟	浙江钱塘人	监生	《爵秩全览》光绪二十三年夏
知州	杜承恕	山西阳曲人	供事	《爵秩全览》光绪二十三年冬
知州	鲁人瑞	江西新建人	拔贡	《民国霸县新志》光绪二十四年
知州	杜承恕	山西阳曲人	供事	《爵秩全览》光绪二十四年春
知州	杜承恕	山西阳曲人	供事	《爵秩全览》光绪二十四年秋
知州	吕品律	云南云南人	附贡	《民国霸县新志》《爵秩全览》光绪二十四年冬
备注：《民国霸县新志》载其为云南大理人，出身为举人。				
知州	吕品律	云南云南人	附贡	《缙绅全书》光绪二十四年冬
知州	郑　辅	河南祥符人	举人	《民国霸县新志》光绪二十五年

职官	人名	籍贯	出身	出处及在职时间
知州	吕品律	云南云南人	附贡	《民国霸县新志》《爵秩全览》光绪二十五年春
知州	吕品律	云南云南人	附贡	《民国霸县新志》《缙绅全书》《中枢备览》光绪二十五年春
知州	吕品律	云南云南人	附贡	《民国霸县新志》《爵秩全览》光绪二十五年夏
知州	吕品律	云南云南县人	附贡	《民国霸县新志》《缙绅全书》光绪二十五年夏
知州	吕品律	云南云南县人	附贡	《民国霸县新志》《爵秩全览》光绪二十五年秋
知州	吕品律	云南云南县人	附贡	《民国霸县新志》《缙绅全书》《中枢备览》光绪二十五年冬
知州	刘于佑	湖南湘乡人	荫生	《民国霸县新志》光绪二十六年
知州	吕品律	云南云南县人	附贡	《民国霸县新志》《缙绅全书》《中枢备览》光绪二十六年春
知州	吕品律	云南云南县人	附贡	《民国霸县新志》《缙绅全书》光绪二十六年夏

职官	人名	籍贯	出身	出处及在职时间
知州	吕品律	云南云南县人	附贡	《爵秩全览》光绪二十六年秋
知州	吕品律	云南云南县人	附贡	《民国霸县新志》《缙绅全书》光绪二十七年春
知州	吕品律	云南云南县人	附贡	《爵秩全览》光绪二十七年冬
知州	吕品律	云南人	附贡	《缙绅全书》《中枢备览》光绪二十七年冬
知州	吕品律	云南人	附贡	《民国霸县新志》《爵秩全览》光绪二十八年春
知州	吕品律	云南人	附贡	《民国霸县新志》《缙绅全书》《中枢备览》光绪二十八年夏《爵秩全览》
知州	吕品律	云南人	附贡	《民国霸县新志》《爵秩全览》光绪二十八年秋
知州	吕品律	云南人	附贡	《民国霸县新志》《缙绅全书》《中枢备览》光绪二十八年冬

职官	人名	籍贯	出身	出处及在职时间
知州	吴亦琳	安徽人	监生	《民国霸县新志》光绪二十九年
知州	吕品律	云南人	附贡	《爵秩全览》光绪二十九年春《缙绅全书》《中枢备览》
知州		云南人	副贡	《缙绅全书》光绪二十九年夏
知州		云南人	副贡	《缙绅全书》《中枢备览》光绪二十九年秋
知州		云南人	副贡	《缙绅全书》《中枢备览》光绪二十九年冬
知州	鲍同祖	江苏江都人	监生	《民国霸县新志》光绪三十年
知州	钱锡荣	浙江仁和人	举人	《缙绅全书》《中枢备览》光绪三十年春
知州	钱锡荣	浙江仁和人	举人	《爵秩全览》光绪三十年夏

职官	人名	籍贯	出身	出处及在职时间
知州	钱锡荣	浙江仁和人	举人	《缙绅全书》《中枢备览》光绪三十年夏
知州	钱锡荣	浙江仁和人	举人	《缙绅全书》光绪三十年冬
知州	钱锡荣	浙江仁和人	举人	《缙绅全书》《中枢备览》光绪三十一年春
知州	钱锡荣	浙江仁和人	举人	《爵秩全览》光绪三十一年夏
知州	钱锡荣	浙江仁和人	举人	《缙绅全书》《中枢备览》光绪三十一年夏
知州	钱锡荣	浙江仁和人	举人	《爵秩全览》光绪三十一年秋
知州	钱锡荣	浙江仁和人	举人	《爵秩全览》光绪三十一年冬
知州	周登翱	福建侯官人	举人	《民国霸县新志》光绪三十二年

职官	人名	籍贯	出身	出处及在职时间
知州	钱锡荣	浙江仁和人	举人	《爵秩全览》光绪三十二年春
知州	钱锡荣	浙江仁和人	举人	《缙绅全书》《中枢备览》光绪三十二年春
知州	钱锡荣	浙江仁和人	举人	《缙绅全书》光绪三十二年夏
知州	钱锡荣	浙江仁和人	举人	《缙绅全书》光绪三十二年秋
知州	钱锡荣	浙江仁和人	举人	《缙绅全书》光绪三十二年冬
知州	钱锡荣	浙江仁和人	举人	《爵秩全览》光绪三十二年冬
知州	陈兴尚	福建闽县人	贡生	《民国霸县新志》光绪三十三年
知州	钱锡荣	浙江仁和人	举人	《爵秩全览》光绪三十三年春
知州	钱锡荣	浙江仁和人	举人	《缙绅全书》《中枢备览》光绪三十三年夏

职官	人名	籍贯	出身	出处及在职时间
知州	刘傅祁	江苏吴县人	举人	《爵秩全览》光绪三十三年冬
知州	刘傅祁	江苏吴县人	举人	《爵秩全览》光绪三十三年冬
知州	刘傅祁	江苏吴县人	举人	《最新百官绿》光绪三十四年春
知州	刘傅祁	江苏吴县人	举人	《最新百官绿》光绪三十四年春
知州	刘傅祁	江苏吴县人	举人	《爵秩全览》光绪三十四年秋
知州	刘傅祁	江苏吴县人	举人	《爵秩全览》光绪三十四年秋
知州	刘傅祁	江苏吴县人	举人	《爵秩全览》宣统元年春
知州	刘傅祁	江苏吴县人	举人	《爵秩全览》宣统元年春
知州	刘傅祁	江苏吴县人	举人	《爵秩全览》宣统元年秋
知州	刘傅祁	江苏吴县人	举人	《爵秩全览》宣统元年秋

职官	人名	籍贯	出身	出处及在职时间
知州	刘傅祁	江苏吴县人	举人	《缙绅全书》宣统元年冬
知州	刘傅祁	江苏吴县人	举人	《爵秩全览》宣统二年春
知州	刘傅祁	江苏吴县人	举人	《爵秩全览》宣统二年夏
知州	刘傅祁	江苏吴县人	举人	《爵秩全览》宣统二年秋
知州	刘傅祁	江苏吴县人	举人	《爵秩全览》宣统二年冬
知州	林际平	福建闽县人	举人	《民国霸县新志》宣统三年
知州	刘傅祁	江苏吴县人	举人	《爵秩全览》宣统三年春
知州	刘傅祁	江苏吴县人	举人	《爵秩全览》宣统三年夏
知州	刘傅祁	江苏吴县人	举人	《爵秩全览》宣统三年秋
知州	刘傅祁	江苏吴县人	举人	《职官录》宣统三年冬

职官	人名	籍贯	出身	出处及在职时间
知州	刘傅祁	江苏吴县人	举人	《职官录》宣统四年春

知县管淀河州判事

职官	人名	籍贯	出身	出处及在职时间
知县管淀河州判事	熊 严	江西新昌人		《爵秩全本》乾隆三十三年秋

游　击

职官	人名	籍贯	出身	出处及在职时间
游击	祖泽厚	辽东人		《康熙霸州志》顺治年间
游击	韩良佐	永平府抚宁卫人		《康熙霸州志》顺治年间
游击	刘觐朝	河南夏邑人		《康熙霸州志》康熙三年

职官	人名	籍贯	出身	出处及在职时间
游击	陈自伦			《宫中档案全宗》雍正年间
游击	伊昌阿			《宫中档案全宗》嘉庆年间
游击	明　禄			《内阁全宗》嘉庆年间
游击	法克精阿			《宫中档案全宗》嘉庆年间
游击	岱　敏			《内阁全宗》道光年间
游击	德　凌			《那文毅公奏议》道光年间

营守府

职官	人名	籍贯	出身	出处及在职时间
营守府	倪开珩	清苑人	行伍	《民国霸县新志》光绪年间

职官	人名	籍贯	出身	出处及在职时间
营守府	刘云山	安徽人	行伍	《民国霸县新志》光绪年间
营守府	文　锦	京旗		《民国霸县新志》光绪年间
营守府	杨殿楹	山东人	行伍	《民国霸县新志》光绪年间
营守府	诚　福	京旗		《民国霸县新志》光绪年间
营守府	宋建祥	安徽人	行伍	《民国霸县新志》光绪年间
营守府	刘长发	安徽人	军功	《民国霸县新志》光绪年间
营守府	顾毕受	安徽	行伍	《民国霸县新志》宣统年间

训　导

职官	人名	籍贯	出身	出处及在职时间
训导	陈朝栋	清苑人	举人	《民国霸县新志》同治五年

学　正

职官	人名	籍贯	出身	出处及在职时间
学正	魏良秀	宁远人	举人	《缙绅新书》乾隆十三年春
学正	郭数仞	隆平人	举人	《缙绅新书》乾隆二十五年冬
学正	郭数仞	隆平人	举人	《缙绅全本》乾隆二十六年秋
学正	郭数仞	隆平人	举人	《缙绅全书》乾隆三十年春
学正	郭数仞	隆平人	举人	《爵秩全本》乾隆三十年冬
学正	郭数仞	隆平人	举人	《爵秩全本》乾隆三十三年秋
学正	王鸣岐	东鹿人	举人	《缙绅全书》《中枢备览》乾隆四十二年秋

职官	人名	籍贯	出身	出处及在职时间
学正	陆 迈	清苑人	举人	《缙绅全书》《中枢备览》乾隆五十三年春
学正	冯隆盛	天津人	举人	《缙绅全书》嘉庆元年春
学正	冯隆盛	天津人	举人	《缙绅全书》嘉庆二年冬
学正	冯隆盛	天津人	举人	《缙绅全书》嘉庆三年秋
学正	冯隆盛	天津人	举人	《缙绅全书》嘉庆三年冬
学正	冯隆盛	天津人	举人	《缙绅全书》嘉庆五年冬
学正	张宗海	保定府人	举人	《缙绅全书》嘉庆九年春
学正	张宗海	保定府人	举人	《缙绅全书》《中枢备览》嘉庆十一年春
学正	张宗海	保定府人	举人	《缙绅全书》嘉庆十一年夏

职官	人名	籍贯	出身	出处及在职时间
学正	耿明德	定州人	举人	《缙绅全书》嘉庆十七年秋
学正	常克容	昌黎人	举人	《缙绅全书》嘉庆二十一年冬
学正	常克容	昌黎人	举人	《缙绅全书》嘉庆二十二年春
学正	常克容	昌黎人	举人	《缙绅全书》（大）嘉庆二十二年冬 《缙绅全书》（小）
学正	常克容	昌黎人	举人	《缙绅全书》嘉庆二十五年夏
学正	张炳辰	天津人	举人	《缙绅全书》《中枢备览》道光四年夏
学正	张炳辰	天津人	举人	《缙绅全书》道光四年夏
学正	张炳辰	天津人	举人	《爵秩全览》道光六年秋
学正	张炳辰	天津人	举人	《缙绅全书》道光七年春

职官	人名	籍贯	出身	出处及在职时间
学正	张炳辰	天津人	举人	《缙绅全书》道光七年春
学正	张炳辰	天津人	举人	《缙绅全书》《中枢备览》道光十三年夏
学正	张炳辰	天津人	举人	《缙绅全书》《中枢备览》道光十三年夏
学正	张炳辰	天津人	举人	《缙绅全书》道光十四年春
学正	张炳辰	天津人	举人	《缙绅全书》道光十四年夏
学正	张炳辰	天津人	举人	《缙绅全书》道光十六年秋
学正	张炳辰	天津人	举人	《缙绅全书》《中枢备览》道光十六年冬
学正	张炳辰	天津人	举人	《缙绅全书》道光十七年秋
学正	张炳辰	天津人	举人	《缙绅全书》道光十八年夏

职官	人名	籍贯	出身	出处及在职时间
学正	张炳辰	天津人	举人	《缙绅全书》《爵秩全览》道光十九年夏
学正	张廷柏	永平府人	举人	《缙绅全书》道光二十年秋
学正	张廷柏	永平府人	举人	《缙绅全书》道光二十年冬
学正	张廷柏	永平府人	举人	《缙绅全书》《中枢备览》道光二十二年春
学正	张廷柏	永平府人	举人	《缙绅全书》道光二十二年冬
学正	张廷柏	永平府人	举人	《缙绅全书》道光二十五年夏
学正	张廷柏	永平府人	举人	《缙绅全书》道光二十五年秋
学正	张廷柏	永平府人	举人	《爵秩全览》道光二十六年
学正	张廷柏	永平府人	举人	《缙绅全书》道光二十七年夏

职官	人名	籍贯	出身	出处及在职时间
学正	张廷柏	永平府人	举人	《缙绅全书》道光二十七年秋
学正	张廷柏	永平府人	举人	《爵秩全览》道光二十八年夏
学正	张廷柏	永平府人	举人	《爵秩全览》道光二十八年夏
学正	张廷柏	永平府人	举人	《爵秩全览》道光二十八年夏
学正	张廷柏	永平府人	举人	《爵秩全览》咸丰元年夏
学正	张廷柏	永平府人	举人	《爵秩全览》咸丰二年冬
学正	张廷柏	永平府人	举人	《缙绅全书》咸丰三年夏
学正	张廷柏	永平府人	举人	《缙绅全书》咸丰四年春
学正	张廷柏	永平府人	举人	《缙绅全书》咸丰四年

职官	人名	籍贯	出身	出处及在职时间
学正	孙 堪	保定府人	举人	《爵秩全览》咸丰六年春
学正	孙 堪	保定府人	举人	《缙绅全书》咸丰六年春
学正	王 勋	广平人	举人	《爵秩全览》咸丰六年夏
学正	王 勋	广平人	举人	《爵秩全览》咸丰七年秋
学正	王 勋	广平人	举人	《爵秩全览》咸丰七年冬
学正	王 勋	广平人	举人	《缙绅全书》咸丰八年冬
学正	王 勋	广平人	举人	《缙绅全书》咸丰八年冬
学正	王 勋	广平人	举人	《缙绅全书》咸丰十年秋
学正	王 勋	广平人	举人	《缙绅全书》咸丰十年

职官	人名	籍贯	出身	出处及在职时间
学正	王 勋	广平人	举人	《缙绅全书》同治四年夏
学正	王 勋	广平人	举人	《缙绅全书》同治五年春
学正	王 勋	广平人	举人	《爵秩全览》同治六年春
学正	王 勋	广平人	举人	《缙绅全书》同治六年春
学正	王 勋	广平人	举人	《缙绅全书》同治六年秋
学正	王 勋	广平人	举人	《缙绅全书》同治八年春
学正	王 勋	广平人	举人	《缙绅全书》同治八年冬
学正	王 勋	广平人	举人	《爵秩全览》同治九年春
学正	王 勋	广平人	举人	《缙绅全书》同治九年夏

职官	人名	籍贯	出身	出处及在职时间
学正	王 勋	广平人	举人	《爵秩全览》同治九年秋
学正	王 勋	广平人	举人	《缙绅全书》同治九年冬
学正	王 勋	广平人	举人	《缙绅全书》同治十年春
学正	王 勋	广平人	举人	《缙绅全书》同治十年夏
学正	王 勋	广平人	举人	《缙绅全书》同治十一年夏
学正	王 勋	广平人	举人	《缙绅全书》《中枢备览》同治十一年秋
学正	王 勋	广平人	举人	《缙绅全书》同治十二年冬
学正	王 勋	广平人	举人	《缙绅全书》同治十三年春
学正	王 勋	广平人	举人	《爵秩全览》同治十三年夏

职官	人名	籍贯	出身	出处及在职时间
学正	王 勋	广平人	举人	《缙绅全书》同治十三年秋
学正	王 勋	广平人	举人	《缙绅全书》同治十三年冬
学正	王 勋	广平人	举人	《爵秩全览》同治十三年冬
学正	王 勋	广平人	举人	《缙绅全书》《中枢备览》同治十三年冬
学正	王 勋	广平人	举人	《爵秩全览》光绪元年夏
学正	王 勋	广平人	举人	《爵秩全览》光绪元年秋
学正	王 勋	广平人	举人	《缙绅全书》光绪二年秋
学正	王 勋	广平人	举人	《爵秩全览》光绪二年冬
学正	王 勋	广平人	举人	《缙绅全书》《中枢备览》光绪三年夏

职官	人名	籍贯	出身	出处及在职时间
学正	王 勋	广平人	举人	《缙绅全书》光绪三年秋
学正	王 勋	广平人	举人	《爵秩全览》光绪三年冬
学正	王 勋	广平人	举人	《缙绅全书》《中枢备览》光绪四年秋
学正	王 勋	广平人	举人	《爵秩全览》光绪四年冬
学正	王 勋	广平人	举人	《缙绅全书》光绪五年春
学正	王 勋	广平人	举人	《缙绅全书》光绪五年秋
学正	王 勋	广平人	举人	《缙绅全书》《中枢备览》光绪五年冬
学正	王 勋	广平人	举人	《缙绅全书》光绪七年春
学正	王 勋	广平人	举人	《爵秩全览》光绪七年冬

职官	人名	籍贯	出身	出处及在职时间
学正	王 勋	广平人	举人	《缙绅全书》光绪七年冬
学正	姚振铎	汉军正白旗人	举人	《缙绅全书》光绪八年冬
学正	姚振铎	汉军正白旗人	举人	《爵秩全览》光绪十年夏
学正	姚振铎	汉军正白旗人	举人	《爵秩全览》光绪十年秋
学正	姚振铎	汉军正白旗人	举人	《爵秩全览》光绪十一年春
学正	姚振铎	汉军正白旗人	举人	《爵秩全览》光绪十一年夏
学正	姚振铎	汉军正白旗人	举人	《爵秩全览》光绪十一年秋
学正	姚振铎	汉军正白旗人	举人	《爵秩全览》光绪十二年夏
学正	姚振铎	汉军正白旗人	举人	《缙绅全书》光绪十二年秋

职官	人名	籍贯	出身	出处及在职时间
学正	姚振铎	汉军正白旗人	举人	《爵秩全览》光绪十三年春
学正	姚振铎	汉军正白旗人	举人	《缙绅全书》《中枢备览》光绪十三年夏
学正	姚振铎	汉军正白旗人	举人	《缙绅全书》光绪十三年冬
学正	姚振铎	汉军正白旗人	举人	《缙绅全书》光绪十四年夏
学正	姚振铎	汉军正白旗人	举人	《爵秩全览》光绪十四年冬
学正	姚振铎	汉军正白旗人	举人	《爵秩全览》光绪十五年夏
学正	姚振铎	汉军正白旗人	举人	《爵秩全览》光绪十五年秋
学正	姚振铎	汉军正白旗人	举人	《爵秩全览》光绪十五年冬
学正	姚振铎	汉军正白旗人	举人	《缙绅全书》光绪十六年春

职官	人名	籍贯	出身	出处及在职时间
学正	姚振铎	汉军正白旗人	举人	《缙绅全书》光绪十六年冬
学正	姚振铎	汉军正白旗人	举人	《爵秩全览》光绪十八年春
学正	姚振铎	汉军正白旗人	举人	《爵秩全览》光绪十八年秋
学正	姚振铎	汉军正白旗人	举人	《爵秩全览》光绪十八年冬
学正	姚振铎	汉军正白旗人	举人	《缙绅全书》光绪十九年春
学正	姚振铎	汉军正白旗人	举人	《爵秩全览》光绪十九年夏
学正	姚振铎	汉军正白旗人	举人	《爵秩全览》光绪十九年秋
学正	姚振铎	汉军正白旗人	举人	《爵秩全览》光绪十九年秋
学正	姚振铎	汉军正白旗人	举人	《爵秩全览》光绪十九年冬

职官	人名	籍贯	出身	出处及在职时间
学正	姚振铎	汉军正白旗人	举人	《爵秩全览》光绪十九年冬
学正	姚振铎	汉军正白旗人	举人	《爵秩全览》光绪二十年秋
学正	姚振铎	汉军正白旗人	举人	《爵秩全览》光绪二十年秋
学正	姚振铎	汉军正白旗人	举人	《爵秩全览》光绪二十一年夏
学正	姚振铎	汉军正白旗人	举人	《民国霸县新志》《爵秩全览》光绪二十一年夏
学正	姚振铎	汉军正白旗人	举人	《民国霸县新志》《缙绅全书》光绪二十一年冬
学正	姚振铎	汉军正白旗人	举人	《民国霸县新志》《缙绅全书》光绪二十一年冬
学正	姚振铎	汉军正白旗人	举人	《民国霸县新志》《缙绅全书》光绪二十二年春
学正	姚振铎	汉军正白旗人	举人	《民国霸县新志》《缙绅全书》光绪二十二年春

职官	人名	籍贯	出身	出处及在职时间
学正	姚振铎	汉军正白旗人	举人	《民国霸县新志》《爵秩全览》光绪二十二年秋
学正	姚振铎	汉军正白旗人	举人	《民国霸县新志》《爵秩全览》光绪二十二年秋
学正	姚振铎	汉军正白旗人	举人	《爵秩全览》光绪二十三年夏
学正	姚振铎	汉军正白旗人	举人	《爵秩全览》光绪二十三年夏
学正	姚振铎	汉军正白旗人	举人	《民国霸县新志》《爵秩全览》光绪二十三年冬
学正	姚振铎	汉军正白旗人	举人	《爵秩全览》光绪二十四年春
学正	姚振铎	汉军正白旗人	举人	《民国霸县新志》《爵秩全览》光绪二十四年秋
学正	姚振铎	汉军正白旗人	举人	《爵秩全览》光绪二十四年冬
学正	姚振铎	汉军正白旗人	举人	《民国霸县新志》《缙绅全书》光绪二十四年冬

职官	人名	籍贯	出身	出处及在职时间
学正	姚振铎	汉军正白旗人	举人	《爵秩全览》光绪二十五年春
学正	姚振铎	汉军正白旗人	举人	《缙绅全书》《中枢备览》光绪二十五年春
学正	姚振铎	汉军正白旗人	举人	《爵秩全览》光绪二十五年夏
学正	姚振铎	汉军正白旗人	举人	《缙绅全书》光绪二十五年夏
学正	姚振铎	汉军正白旗人	举人	《爵秩全览》光绪二十五年秋
学正	姚振铎	汉军正白旗人	举人	《缙绅全书》《中枢备览》光绪二十五年冬
学正	姚振铎	汉军正白旗人	举人	《缙绅全书》《中枢备览》光绪二十六年春
学正	姚振铎	汉军正白旗人	举人	《缙绅全书》光绪二十六年夏
学正	姚振铎	汉军正白旗人	举人	《爵秩全览》光绪二十六年秋

职官	人名	籍贯	出身	出处及在职时间
学正	姚振铎	汉军正白旗人	举人	《缙绅全书》光绪二十七年春
学正	姚振铎	汉军正白旗人	举人	《爵秩全览》光绪二十七年冬
学正	姚振铎	汉军正白旗人	举人	《缙绅全书》《中枢备览》光绪二十七年冬
学正	姚振铎	汉军正白旗人	举人	《爵秩全览》光绪二十八年春
学正	姚振铎	汉军正白旗人	举人	《缙绅全书》《中枢备览》光绪二十八年夏 《爵秩全览》
学正	姚振铎	汉军正白旗人	举人	《爵秩全览》光绪二十八年秋
学正	孙 植	河间人	举人	《缙绅全书》《中枢备览》光绪二十八年冬
学正	姚振铎	汉军正白旗人	举人	《爵秩全览》光绪二十九年春 《缙绅全书》《中枢备览》
学正	管萃超	汉军正蓝旗人	举人	《缙绅全书》光绪二十九年夏

职官	人名	籍贯	出身	出处及在职时间
学正	管萃超	汉军正蓝旗人	举人	《爵秩全览》光绪二十九年秋
学正	管萃超	汉军正蓝旗人	举人	《缙绅全书》《中枢备览》光绪二十九年秋
学正	管萃超	汉军正蓝旗人	举人	《缙绅全书》《中枢备览》光绪二十九年冬
学正	管萃超	汉军正蓝旗人	举人	《缙绅全书》《中枢备览》光绪三十年春
学正	管萃超	汉军正蓝旗人	举人	《爵秩全览》光绪三十年夏
学正	管萃超	汉军正蓝旗人	举人	《缙绅全书》《中枢备览》光绪三十年夏
学正	管萃超	汉军正蓝旗人	举人	《缙绅全书》光绪三十年冬
学正	管萃超	汉军正蓝旗人	举人	《缙绅全书》《中枢备览》光绪三十一年春
学正	管萃超	汉军正蓝旗人	举人	《爵秩全览》光绪三十一年夏

职官	人名	籍贯	出身	出处及在职时间
学正	管萃超	汉军正蓝旗人	举人	《缙绅全书》《中枢备览》光绪三十一年夏
学正	管萃超	汉军正蓝旗人	举人	《爵秩全览》光绪三十一年秋
学正	管萃超	汉军正蓝旗人	举人	《爵秩全览》光绪三十一年冬
学正	管萃超	汉军正蓝旗人	举人	《爵秩全览》光绪三十二年春
学正	管萃超	汉军正蓝旗人	举人	《缙绅全书》《中枢备览》光绪三十二年春
学正	管萃超	汉军正蓝旗人	举人	《缙绅全书》光绪三十二年夏
学正	管萃超	汉军正蓝旗人	举人	《缙绅全书》光绪三十二年秋
学正	管萃超	汉军正蓝旗人	举人	《缙绅全书》光绪三十二年冬
学正	管萃超	汉军正蓝旗人	举人	《爵秩全览》光绪三十二年冬

职官	人名	籍贯	出身	出处及在职时间
学正	管萃超	汉军正蓝旗人	举人	《爵秩全览》光绪三十三年春
学正	管萃超	汉军正蓝旗人	举人	《缙绅全书》《中枢备览》光绪三十三年夏
学正	管萃超	汉军正蓝旗人	举人	《缙绅全书》《中枢备览》光绪三十三年夏
学正	管萃超	汉军正蓝旗人	举人	《爵秩全览》光绪三十三年冬
学正	管萃超	汉军正蓝旗人	举人	《爵秩全览》光绪三十三年冬
学正	管萃超	汉军正蓝旗人	举人	《最新百官绿》光绪三十四年春
学正	管萃超	汉军正蓝旗人	举人	《爵秩全览》光绪三十四年秋
学正	管萃超	汉军正蓝旗人	举人	《爵秩全览》光绪三十四年秋
学正	管萃超	汉军正蓝旗人	举人	《爵秩全览》宣统元年春

职官	人名	籍贯	出身	出处及在职时间
学正	管萃超	汉军正蓝旗人	举人	《爵秩全览》宣统元年春
学正	管萃超	汉军正蓝旗人	举人	《爵秩全览》宣统元年秋
学正	管萃超	汉军正蓝旗人	举人	《爵秩全览》宣统元年秋
学正	管萃超	汉军正蓝旗人	举人	《缙绅全书》宣统元年冬
学正	管萃超	汉军正蓝旗人	举人	《爵秩全览》宣统二年春
学正	管萃超	汉军正蓝旗人	举人	《爵秩全览》宣统二年夏
学正	管萃超	汉军正蓝旗人	举人	《爵秩全览》宣统二年秋
学正	管萃超	汉军正蓝旗人	举人	《爵秩全览》宣统二年冬
学正	管萃超	汉军正蓝旗人	举人	《爵秩全览》宣统三年春

职官	人名	籍贯	出身	出处及在职时间
学正	管萃超	汉军正蓝旗人	举人	《爵秩全览》宣统三年夏
学正	管萃超	汉军正蓝旗人	举人	《爵秩全览》宣统三年秋
学正	管萃超	汉军正蓝旗人	举人	《职官录》宣统三年冬
学正	管萃超	汉军正蓝旗人	举人	《职官录》宣统四年春

信安泛

职官	人名	籍贯	出身	出处及在职时间
信安泛	赵 起			《民国霸县新志》
信安泛	昝金甲			《民国霸县新志》
信安泛	牛光斗			《民国霸县新志》

职官	人名	籍贯	出身	出处及在职时间
信安泛	时茂东			《民国霸县新志》
信安泛	李凰鹏			《民国霸县新志》
信安泛	薛金龙			《民国霸县新志》
信安泛	郑吉荣			《民国霸县新志》
信安泛	宋含香			《民国霸县新志》
信安泛	张葵芳			《民国霸县新志》
信安泛	刘锡龄			《民国霸县新志》
信安泛	张福春			《民国霸县新志》

职官	人名	籍贯	出身	出处及在职时间
信安泛	张云標			《民国霸县新志》

骁骑校

职官	人名	籍贯	出身	出处及在职时间
骁骑校	多隆阿	本旗	马甲	《民国霸县新志》同治年间
骁骑校	广 泰	本旗	马甲	《民国霸县新志》光绪年间
骁骑校	文 连	本旗	马甲	《民国霸县新志》光绪年间
骁骑校	额勒崇额	本旗	马甲	《民国霸县新志》光绪年间
骁骑校	扎清阿	本旗	马甲	《民国霸县新志》光绪年间

职官	人名	籍贯	出身	出处及在职时间
骁骑校	法　林	本旗	马甲	《民国霸县新志》光绪年间
骁骑校	和　林	本旗	马甲	《民国霸县新志》光绪年间
骁骑校	万　城	本旗	马甲	《民国霸县新志》光绪年间
骁骑校	恩　祥	本旗	马甲	《民国霸县新志》光绪年间
骁骑校	达　兰	本旗	马甲	《民国霸县新志》光绪年间

县丞管清河吏目

职官	人名	籍贯	出身	出处及在职时间
县丞管清河吏目	汪廷枢	江苏人	监生	《缙绅全书》乾隆三十年春
县丞管清河吏目	汪廷枢	江苏人	监生	《爵秩全本》乾隆三十年冬

县丞管吏目事

职官	人名	籍贯	出身	出处及在职时间
县丞管吏目事	高自升	安徽贵池人		《爵秩全本》乾隆三十三年秋

守 尉

职官	人名	籍贯	出身	出处及在职时间
守尉	孙塔			《内阁全宗》乾隆年间

守 备

职官	人名	籍贯	出身	出处及在职时间
守备	叶广全			《宫中档案全宗》光绪年间

职官	人名	籍贯	出身	出处及在职时间
守备	林成兴			《内阁全宗》光绪年间
守备	韦启明			《内阁全宗》光绪年间
守备	刘长发	安徽人		《内阁全宗》光绪年间
守备	侯闰	东安人		《康熙霸州志》
守备	徐开泰			《康熙霸州志》
守备	孔新	陕西人		《康熙霸州志》
守备	雒镇抚	三原人		《康熙霸州志》
守备	魏永禄	宛平人		《康熙霸州志》
守备	权进朝	河间人		《康熙霸州志》

职官	人名	籍贯	出身	出处及在职时间
守备	张允光	山东莱阳人		《康熙霸州志》
守备	刘进科	山东平度州人		《康熙霸州志》

三角淀南大河州判

职官	人名	籍贯	出身	出处及在职时间
三角淀南大河州判	常凌汉	山东宁海人	监生	《最新百官绿》光绪三十四年春

区　官

职官	人名	籍贯	出身	出处及在职时间
区官	庆　祥	霸县人	顺天高等警务传习所	《民国霸县新志》光绪三十二年

职官	人名	籍贯	出身	出处及在职时间
区官	庆　祥	霸县人		《民国霸县新志》光绪三十三年
区官	庆　祥	霸县人	法政别科毕业	《民国霸县新志》宣统二年
区官	庆　祥	霸县人		《民国霸县新志》宣统三年

清河州判

职官	人名	籍贯	出身	出处及在职时间
清河州判	蔡廷勋	江苏昭文人		《缙绅全书》道光七年春

清河吏目

职官	人名	籍贯	出身	出处及在职时间
清河吏目	金　燃	浙江人	监生	《缙绅新书》乾隆十三年春

职官	人名	籍贯	出身	出处及在职时间
清河吏目	王 梓	浙江山阴人	监生	《缙绅新书》乾隆二十五年冬
清河吏目	胡 怡	山东菏泽人	例监	《民国霸县新志》《缙绅新书》乾隆二十五年冬
清河吏目	王 梓	浙江山阴人	监生	《缙绅全本》乾隆二十六年秋
清河吏目	胡 怡	山东菏泽人	例监	《缙绅全本》乾隆二十六年秋
清河吏目	张 习	山西汾阳人	监生	《爵秩全本》乾隆三十三年秋
清河吏目	殷长经	山东人	贡生	《缙绅全书》《中枢备览》乾隆四十二年秋
清河吏目	许长恒	安徽人	监生	《缙绅全书》《中枢备览》乾隆五十三年春
清河吏目	屈邦基	江苏常熟人	监生	《缙绅全书》嘉庆元年春
清河吏目	陈 伯	河南西平人	监生	《缙绅全书》嘉庆二年冬
清河吏目	陈 伯	河南西平人	监生	《缙绅全书》嘉庆三年秋
清河吏目	陈 伯	河南西平人	监生	《缙绅全书》嘉庆三年冬

职官	人名	籍贯	出身	出处及在职时间
清河吏目	李文英	四川华阳人	监生	《缙绅全书》嘉庆五年冬

千 总

职官	人名	籍贯	出身	出处及在职时间
千总	张彦	山西人	行伍	《爵秩新本》《中枢备览》雍正四年夏
千总	张潼			《内阁全宗》道光年间
千总	马长清			《内阁全宗》道光年间

判 官

职官	人名	籍贯	出身	出处及在职时间
判官	傅一骥	浙江人		《康熙霸州志》顺治九年

职官	人名	籍贯	出身	出处及在职时间
判官	王有仁	镶红旗		《康熙霸州志》顺治九年
判官	王国栋	镶黄旗		《康熙霸州志》顺治十四年
判官	蔡学颐			《民国霸县新志》顺治年间
判官	章匡时	浙江会稽人		《康熙霸州志》顺治年间
判官	周殿俊	陕西人		《康熙霸州志》康熙元年
判官	卫既济	山西人	翰林院检讨	《民国霸县新志》康熙六年
判官	高 荣	镶黄旗		《康熙霸州志》康熙七年
判官	李兆年			宣统二年

南头河州同

职官	人名	籍贯	出身	出处及在职时间
南头河州同	李福铭	浙江仁和人	吏员	《最新百官绿》光绪三十四年春

吏　目

职官	人名	籍贯	出身	出处及在职时间
吏目	王开之	绍兴人		《康熙霸州志》顺治元年
吏目	杨腾秀	陕西人		《民国霸县新志》《康熙霸州志》顺治十一年
备注：民国二十年《霸县新志》载其为陕西华州人。				
吏目	沈璨	绍兴人		《康熙霸州志》顺治年间

职官	人名	籍贯	出身	出处及在职时间
吏目	沈化龙	绍兴人		《康熙霸州志》顺治年间
吏目	马盛	浙江会稽人		《康熙霸州志》康熙三年
吏目	余素	浙江绍兴人		《康熙霸州志》康熙七年
吏目	齐日颖	贵州安顺人	岁贡	《缙绅新书》乾隆十三年春
吏目	胡怡	山东菏泽人	例监	《缙绅全书》乾隆三十年春
吏目	胡怡	山东菏泽人	例监	《爵秩全本》乾隆三十年冬
吏目	赵星喜	四川资阳人	贡生	《缙绅全书》《中枢备览》乾隆五十三年春
吏目	刘如梧	山西太平人	监生	《缙绅全书》嘉庆元年春
吏目	刘如梧	山西太平人	监生	《缙绅全书》嘉庆二年冬

职官	人名	籍贯	出身	出处及在职时间
吏目	刘如梧	山西太平人	监生	《缙绅全书》嘉庆三年秋
吏目	刘如梧	山西太平人	监生	《缙绅全书》嘉庆三年冬
吏目	刘如梧	山西太平人	监生	《缙绅全书》嘉庆五年冬
吏目	沈 谦	江苏无锡人	监生	《民国霸县新志》《缙绅全书》嘉庆九年春
备注：《民国霸县新志》载其嘉庆七年任。				
吏目	沈 谦	江苏无锡人	监生	《缙绅全书》《中枢备览》嘉庆十一年春
吏目	沈 谦	江苏无锡人	监生	《缙绅全书》嘉庆十一年夏
吏目	沈 谦	江苏无锡人	监生	《缙绅全书》嘉庆十七年秋

职官	人名	籍贯	出身	出处及在职时间
吏目	徐 位	江苏常熟人	监生	民国二十年霸县新志《缙绅全书》嘉庆二十一年冬
吏目	徐 位	江苏常熟人	监生	《缙绅全书》嘉庆二十二年春
吏目	徐 位	江苏常熟人	监生	《缙绅全书》（大）嘉庆二十二年冬 《缙绅全书》（小）
吏目	徐 位	江苏常熟人	监生	《缙绅全书》嘉庆二十五年夏
吏目	刘燦魁	贵州越平州人	监生	《缙绅全书》道光四年夏
吏目	叶 安	广东归善人	监生	《爵秩全览》道光六年秋
吏目	叶 安	广东归善人	监生	《缙绅全书》道光七年春
吏目	吴士珍	四川遂宁人	贡生	《民国霸县新志》《缙绅全书》道光七年春

职官	人名	籍贯	出身	出处及在职时间
吏目	杜子和	浙江山阴人	供事	《民国霸县新志》道光十年
吏目	许鹏程	四川华阳人	监生	《民国霸县新志》《缙绅全书》《中枢备览》道光十三年夏

备注：《民国霸县新志》载其道光十年任。

职官	人名	籍贯	出身	出处及在职时间
吏目	许鹏程	四川华阳人	监生	《缙绅全书》《中枢备览》道光十三年夏
吏目	许鹏程	四川华阳人	监生	《缙绅全书》道光十四年春
吏目	许鹏程	四川华阳人	监生	《缙绅全书》道光十四年夏
吏目	许鹏程	四川华阳人	监生	《缙绅全书》道光十六年秋
吏目	许鹏程	四川华阳人	监生	《缙绅全书》《中枢备览》道光十六年冬
吏目	单溥	浙江山阴人	职员	《民国霸县新志》《缙绅全书》道光十七年秋

职官	人名	籍贯	出身	出处及在职时间
吏目	单 溥	浙江山阴人	职员	《缙绅全书》道光十八年夏
吏目	单 溥	浙江山阴人	职员	《缙绅全书》《爵秩全览》道光十九年夏
吏目	单 溥	浙江山阴人	职员	《缙绅全书》道光二十年秋
吏目	单 溥	浙江山阴人	职员	《缙绅全书》道光二十年冬
吏目	单 溥	浙江山阴人	职员	《缙绅全书》《中枢备览》道光二十二年春
吏目	单 溥	浙江山阴人	职员	《缙绅全书》道光二十二年冬
吏目	陈治平	浙江会稽人	监生	《民国霸县新志》道光二十三年
吏目	闵松焘	四川成都人	监生	《民国霸县新志》《缙绅全书》道光二十五年夏
吏目	闵松焘	四川成都人	监生	《缙绅全书》道光二十五年秋

职官	人名	籍贯	出身	出处及在职时间
吏目	任桂生	浙江会稽人	监生	《民国霸县新志》《爵秩全览》道光二十六年
吏目	任桂生	浙江会稽人	监生	《缙绅全书》道光二十七年夏
吏目	任桂生	浙江会稽人	监生	《缙绅全书》道光二十七年秋
吏目	鲁 镛	浙江山阴人		《民国霸县新志》道光二十八年
吏目	任桂生	浙江会稽人	监生	《爵秩全览》道光二十八年夏
吏目		浙江会稽人	监生	《爵秩全览》道光二十八年夏
吏目		山西盂县人	监生	《爵秩全览》道光二十八年夏
吏目	何士衡	山东新城人	监生	《民国霸县新志》《爵秩全览》咸丰元年夏

备注：《民国霸县新志》载其为道光二十九年任。

职官	人名	籍贯	出身	出处及在职时间
吏目	何士衡	山东新城人	监生	《爵秩全览》咸丰二年冬
吏目	何士衡	山东新城人	监生	《缙绅全书》咸丰三年夏
吏目	冯震	浙江山阴人		《民国霸县新志》咸丰三年
吏目	欧阳炜	江西安福人		《民国霸县新志》咸丰四年
吏目	任桂生	浙江会稽人	监生	《缙绅全书》咸丰四年春
吏目		山东新城人	监生	《缙绅全书》咸丰四年
吏目	沈济	安徽婺源人	供事	《民国霸县新志》咸丰五年
吏目	左兆薇	安徽桐城人	监生	《民国霸县新志》咸丰六年
吏目	左兆薇	安徽桐城人	监生	《爵秩全览》咸丰六年春

职官	人名	籍贯	出身	出处及在职时间
吏目	左兆薇	安徽桐城人	监生	《缙绅全书》咸丰六年春
吏目	何士衡	山东新城人	监生	《爵秩全览》咸丰六年夏
吏目	左兆薇	安徽桐城人	监生	《爵秩全览》咸丰七年冬
吏目	何士衡	山东新城人	监生	《缙绅全书》咸丰八年冬
吏目	何士衡	山东新城人	监生	《缙绅全书》咸丰八年冬
吏目	何士衡	山东新城人	监生	《缙绅全书》咸丰十年秋
吏目	何士衡	山东新城人	监生	《缙绅全书》咸丰十年
吏目	王堃	江西东乡人	监生	《民国霸县新志》同治三年
吏目	朱安	奉天承德人	监生	《缙绅全书》同治四年夏

职官	人名	籍贯	出身	出处及在职时间
吏目	朱　安	奉天承德人	监生	《缙绅全书》同治五年春
吏目	朱　安	奉天承德人	监生	《爵秩全览》同治六年春
吏目	朱　安	奉天承德人	监生	《缙绅全书》同治六年春
吏目	朱　安	奉天承德人	监生	《缙绅全书》同治六年秋
吏目	朱　安	奉天承德人	监生	《缙绅全书》同治八年春
吏目	朱　安	奉天承德人	监生	《缙绅全书》同治八年冬
吏目	朱　安	奉天承德人	监生	《爵秩全览》同治九年春
吏目	朱　安	奉天承德人	监生	《缙绅全书》同治九年夏
吏目	朱　安	奉天承德人	监生	《爵秩全览》同治九年秋

职官	人名	籍贯	出身	出处及在职时间
吏目	朱 安	奉天承德人	监生	《缙绅全书》同治九年冬
吏目	朱 安	奉天承德人	监生	《缙绅全书》同治十年春
吏目	朱 安	奉天承德人	监生	《缙绅全书》同治十年夏
吏目	孙世忠	奉天人	监生	《民国霸县新志》同治十一年
吏目	朱 安	奉天承德人	监生	《缙绅全书》同治十一年夏
吏目	朱 安	奉天承德人	监生	《缙绅全书》《中枢备览》同治十一年秋
吏目	朱 安	奉天承德人	监生	《缙绅全书》同治十二年冬
吏目	朱 安	奉天承德人	监生	《缙绅全书》同治十三年春

职官	人名	籍贯	出身	出处及在职时间
吏目	朱 安	奉天承德人	监生	《爵秩全览》同治十三年夏
吏目	朱 安	奉天承德人	监生	《缙绅全书》同治十三年秋
吏目	朱 安	奉天承德人	监生	《缙绅全书》同治十三年冬
吏目	朱 安	奉天承德人	监生	《爵秩全览》同治十三年冬
吏目	朱 安	奉天承德人	监生	《缙绅全书》《中枢备览》同治十三年冬
吏目	朱 安	奉天承德人	监生	《爵秩全览》光绪元年夏
吏目	朱 安	奉天承德人	监生	《爵秩全览》光绪元年秋
吏目	朱 安	奉天承德人	监生	《缙绅全书》光绪二年秋

职官	人名	籍贯	出身	出处及在职时间
吏目	朱　安	奉天承德人	监生	《爵秩全览》光绪二年冬
吏目	朱　安	奉天承德人	监生	《缙绅全书》《中枢备览》光绪三年夏
吏目	朱　安	奉天承德人	监生	《缙绅全书》光绪三年秋
吏目	朱　安	奉天承德人	监生	《爵秩全览》光绪三年冬
吏目	朱　安	奉天承德人	监生	《缙绅全书》《中枢备览》光绪四年秋
吏目	朱　安	奉天承德人	监生	《爵秩全览》光绪四年冬
吏目	朱　安	奉天承德人	监生	《缙绅全书》光绪五年春
吏目	朱　安	奉天承德人	监生	《缙绅全书》光绪五年秋

职官	人名	籍贯	出身	出处及在职时间
吏目	朱 安	奉天承德人	监生	《缙绅全书》《中枢备览》光绪五年冬
吏目	朱 安	奉天承德人	监生	《缙绅全书》光绪七年春
吏目	朱 安	奉天承德人	监生	《爵秩全览》光绪七年冬
吏目	朱 安	奉天承德人	监生	《缙绅全书》光绪七年冬
吏目	朱 安	奉天承德人	监生	《缙绅全书》光绪八年冬
吏目	马维霖	江苏吴县人	供事	《民国霸县新志》光绪十一年
吏目	于 桐	浙江山阴人	监生	《爵秩全览》光绪十一年春
吏目	于 桐	浙江山阴人	监生	《爵秩全览》光绪十一年夏

职官	人名	籍贯	出身	出处及在职时间
吏目	于 桐	浙江山阴人	监生	《爵秩全览》光绪十一年秋
吏目	于 桐	浙江山阴人	监生	《爵秩全览》光绪十二年夏
吏目	于 桐	浙江山阴人	监生	《缙绅全书》光绪十二年秋
吏目	张大经	奉天宁远州人	监生	《民国霸县新志》《缙绅全书》《中枢备览》光绪十三年夏
吏目	张大经	奉天宁远州人	监生	《民国霸县新志》《缙绅全书》光绪十三年冬
吏目	张大经	奉天宁远州人	监生	《民国霸县新志》《缙绅全书》光绪十四年夏
吏目	张大经	奉天宁远州人	监生	《民国霸县新志》《爵秩全览》光绪十四年冬
吏目	张大经	奉天宁远州人	监生	《民国霸县新志》《爵秩全览》光绪十五年夏
吏目	张大经	奉天宁远州人	监生	《民国霸县新志》《爵秩全览》光绪十五年秋

职官	人名	籍贯	出身	出处及在职时间
吏目	张大经	奉天宁远州人	监生	《民国霸县新志》《爵秩全览》光绪十五年冬
吏目	张大经	奉天宁远州人	监生	《民国霸县新志》《缙绅全书》光绪十六年春
吏目	张大经	奉天宁远州人	监生	《民国霸县新志》《缙绅全书》光绪十六年冬
吏目	张大经	奉天宁远州人	监生	《民国霸县新志》《爵秩全览》光绪十八年春
吏目	张大经	奉天宁远州人	监生	《民国霸县新志》《爵秩全览》光绪十八年秋
吏目	张大经	奉天宁远州人	监生	《民国霸县新志》《爵秩全览》光绪十八年冬
吏目	张大经	奉天宁远州人	监生	《民国霸县新志》《缙绅全书》光绪十九年春
吏目	张大经	奉天宁远州人	监生	《民国霸县新志》《爵秩全览》光绪十九年夏
吏目	张大经	奉天宁远州人	监生	《民国霸县新志》《爵秩全览》光绪十九年秋

职官	人名	籍贯	出身	出处及在职时间
吏目	张大经	奉天宁远州人	监生	《民国霸县新志》《爵秩全览》光绪十九年秋
吏目	张大经	奉天宁远州人	监生	《民国霸县新志》《爵秩全览》光绪十九年冬
吏目	张大经	奉天宁远州人	监生	《民国霸县新志》《爵秩全览》光绪十九年冬
吏目	张大经	奉天宁远州人	监生	《民国霸县新志》《爵秩全览》光绪二十年秋
吏目	张大经	奉天宁远州人	监生	《民国霸县新志》《爵秩全览》光绪二十年秋
吏目	张大经	奉天宁远州人	监生	《民国霸县新志》《爵秩全览》光绪二十一年夏
吏目	张大经	奉天宁远州人	监生	《爵秩全览》光绪二十一年夏
吏目		奉天宁远人	监生	《缙绅全书》光绪二十一年冬
吏目		奉天宁远人	监生	《缙绅全书》光绪二十二年春

职官	人名	籍贯	出身	出处及在职时间
吏目	江育桐	浙江山阴人	吏员	《民国霸县新志》《缙绅全书》 光绪二十二年春
吏目	江育桐	浙江山阴人	吏员	《爵秩全览》光绪二十二年秋
吏目	江育桐	浙江山阴人	吏员	《爵秩全览》光绪二十二年秋
吏目	江育桐	浙江山阴人	吏员	《爵秩全览》光绪二十三年夏
吏目	江育桐	浙江山阴人	吏员	《民国霸县新志》《爵秩全览》 光绪二十三年夏
吏目	江育桐	浙江山阴人	吏员	《爵秩全览》光绪二十三年冬
吏目	江育桐	浙江山阴人	吏员	《爵秩全览》光绪二十四年春
吏目	江育桐	浙江山阴人	吏员	《爵秩全览》光绪二十四年秋
吏目	江育桐	浙江山阴人	吏员	《民国霸县新志》《爵秩全览》 光绪二十四年冬

职官	人名	籍贯	出身	出处及在职时间
吏目	江育桐	浙江山阴人	吏员	《民国霸县新志》《缙绅全书》光绪二十四年冬
吏目	江育桐	浙江山阴人	吏员	《爵秩全览》光绪二十五年春
吏目	江育桐	浙江山阴人	吏员	《民国霸县新志》《缙绅全书》《中枢备览》光绪二十五年春
吏目	江育桐	浙江山阴人	吏员	《民国霸县新志》《爵秩全览》光绪二十五年夏
吏目	江育桐	浙江山阴人	吏员	《民国霸县新志》《缙绅全书》光绪二十五年夏
吏目	江育桐	浙江山阴人	吏员	《民国霸县新志》《爵秩全览》光绪二十五年秋
吏目	江育桐	浙江山阴人	吏员	《缙绅全书》《中枢备览》光绪二十五年冬
吏目	江育桐	浙江山阴人	吏员	《缙绅全书》《中枢备览》光绪二十六年春
吏目	江育桐	浙江山阴人	吏员	《民国霸县新志》《缙绅全书》光绪二十六年夏

职官	人名	籍贯	出身	出处及在职时间
吏目	江育桐	浙江山阴人	吏员	《爵秩全览》光绪二十六年秋
吏目	江育桐	浙江山阴人	吏员	《民国霸县新志》《缙绅全书》光绪二十七年春
吏目	江育桐	浙江山阴人	吏员	《民国霸县新志》《爵秩全览》光绪二十七年冬
吏目	江育桐	浙江山阴人	吏员	《缙绅全书》《中枢备览》光绪二十七年冬
吏目	江育桐	浙江山阴人	吏员	《爵秩全览》光绪二十八年春
吏目	江育桐	浙江山阴人	吏员	《缙绅全书》《中枢备览》光绪二十八年夏《爵秩全览》
吏目	江育桐	浙江山阴人	吏员	《爵秩全览》光绪二十八年秋
吏目	江育桐	浙江山阴人	吏员	《缙绅全书》《中枢备览》光绪二十八年冬
吏目	江育桐	浙江山阴人	吏员	《民国霸县新志》《爵秩全览》光绪二十九年春《缙绅全书》《中枢备览》

职官	人名	籍贯	出身	出处及在职时间
吏目	江育桐	浙江山阴人	吏员	《民国霸县新志》《缙绅全书》光绪二十九年夏
吏目	江育桐	浙江山阴人	吏员	《民国霸县新志》《爵秩全览》光绪二十九年秋
吏目	江育桐	浙江山阴人	吏员	《缙绅全书》《中枢备览》光绪二十九年秋
吏目	江育桐	浙江山阴人	吏员	《民国霸县新志》《缙绅全书》《中枢备览》光绪二十九年冬
吏目	江育桐	浙江山阴人	吏员	《民国霸县新志》《缙绅全书》《中枢备览》光绪三十年春
吏目	江育桐	浙江山阴人	吏员	《民国霸县新志》《爵秩全览》光绪三十年夏
吏目	江育桐	浙江山阴人	吏员	《民国霸县新志》《缙绅全书》《中枢备览》光绪三十年夏
吏目	江育桐	浙江山阴人	吏员	《民国霸县新志》《缙绅全书》光绪三十年冬
吏目	江育桐	浙江山阴人	吏员	《民国霸县新志》《缙绅全书》《中枢备览》光绪三十一年春

职官	人名	籍贯	出身	出处及在职时间
吏目	江育桐	浙江山阴人	吏员	《民国霸县新志》《爵秩全览》光绪三十一年夏
吏目	江育桐	浙江山阴人	吏员	《民国霸县新志》《缙绅全书》《中枢备览》光绪三十一年夏
吏目	江育桐	浙江山阴人	吏员	《民国霸县新志》《爵秩全览》光绪三十一年秋
吏目	江育桐	浙江山阴人	吏员	《爵秩全览》光绪三十一年冬
吏目	江育桐	浙江山阴人	吏员	《民国霸县新志》《爵秩全览》光绪三十二年春
吏目	江育桐	浙江山阴人	吏员	《民国霸县新志》《缙绅全书》《中枢备览》光绪三十二年春
吏目	江育桐	浙江山阴人	吏员	《民国霸县新志》《缙绅全书》光绪三十二年夏
吏目	江育桐	浙江山阴人	吏员	《民国霸县新志》《缙绅全书》光绪三十二年秋
吏目	江育桐	浙江山阴人	吏员	《民国霸县新志》《缙绅全书》光绪三十二年冬

职官	人名	籍贯	出身	出处及在职时间
吏目	江育桐	浙江山阴人	吏员	《民国霸县新志》《爵秩全览》光绪三十二年冬
吏目	江育桐	浙江山阴人	吏员	《民国霸县新志》《爵秩全览》光绪三十三年春
吏目	江育桐	浙江山阴人	吏员	《民国霸县新志》《缙绅全书》《中枢备览》光绪三十三年夏
吏目	江育桐	浙江山阴人	吏员	《民国霸县新志》《缙绅全书》《中枢备览》光绪三十三年夏
吏目	江育桐	浙江山阴人	吏员	《民国霸县新志》《爵秩全览》光绪三十三年冬
吏目	江育桐	浙江山阴人	吏员	《爵秩全览》光绪三十三年冬
吏目	江育桐	浙江山阴人	吏员	《民国霸县新志》《最新百官绿》光绪三十四年春
吏目	江育桐	浙江山阴人	吏员	《民国霸县新志》《最新百官绿》光绪三十四年春

职官	人名	籍贯	出身	出处及在职时间
吏目	袁光裕	江苏元和人	监生	《爵秩全览》光绪三十四年秋
吏目	陈仁佐	浙江归安人	监生	《民国霸县新志》宣统元年
吏目	袁光裕	江苏元和人	监生	《爵秩全览》宣统元年春
吏目	袁光裕	江苏元和人	监生	《爵秩全览》宣统元年春
吏目	袁光裕	江苏元和人	监生	《爵秩全览》宣统元年秋
吏目	袁光裕	江苏元和人	监生	《爵秩全览》宣统元年秋
吏目	袁光裕	江苏元和人	监生	《缙绅全书》宣统元年冬
吏目	田玉樹			《民国霸县新志》宣统二年

职官	人名	籍贯	出身	出处及在职时间
吏目	袁光裕	江苏元和人	监生	《爵秩全览》宣统二年春
吏目	袁光裕	江苏元和人	监生	《爵秩全览》宣统二年夏
吏目	袁光裕	江苏元和人	监生	《爵秩全览》宣统二年秋
吏目	袁光裕	江苏元和人	监生	《爵秩全览》宣统二年冬
吏目	陈为善			《民国霸县新志》宣统三年
吏目	袁　贤	江苏元和人	监生	《民国霸县新志》宣统三年
吏目	袁光裕	江苏元和人	监生	《爵秩全览》宣统三年春
吏目	袁光裕	江苏元和人	监生	《爵秩全览》宣统三年夏
吏目	袁光裕	江苏元和人	监生	《爵秩全览》宣统三年秋

职官	人名	籍贯	出身	出处及在职时间
吏目	袁光裕	江苏元和人	监生	《职官录》宣统三年冬
吏目	袁光裕	江苏元和人	监生	《职官录》宣统四年春

候选守备

职官	人名	籍贯	出身	出处及在职时间
候选守备	宋泰昌			《内阁全宗》嘉庆年间

管河州判

职官	人名	籍贯	出身	出处及在职时间
管河州判	方鹤乐	安徽人		《缙绅全书》《中枢备览》乾隆四十二年秋

职官	人名	籍贯	出身	出处及在职时间
管河州判	王象恒	浙江钱塘人	监生	《缙绅全书》《中枢备览》乾隆五十三年春
管河州判	李逢亭	陕西平利人	岁贡	《缙绅全书》嘉庆元年春
管河州判	李逢亭	陕西平利人	岁贡	《缙绅全书》嘉庆二年冬
管河州判	李逢亭	陕西平利人	岁贡	《缙绅全书》嘉庆三年秋
管河州判	李逢亭	陕西平利人	岁贡	《缙绅全书》嘉庆三年冬
管河州判	裘龙绲	浙江钱塘人	监生	《缙绅全书》嘉庆五年冬
管河州判	李培林	山西介休人	监生	《缙绅全书》嘉庆九年春
管河州判	李培林	山西介休人	监生	《缙绅全书》《中枢备览》嘉庆十一年春

职官	人名	籍贯	出身	出处及在职时间
管河州判	李培林	山西介休人	监生	《缙绅全书》嘉庆十一年夏
管河州判	屈邦基	江苏常熟人	监生	《缙绅全书》嘉庆十七年秋
管河州判	屈邦基	江苏常熟人	监生	《缙绅全书》嘉庆二十一年冬
管河州判	屈邦基	江苏常熟人	监生	《缙绅全书》嘉庆二十二年春
管河州判	屈邦基	江苏常熟人	监生	《缙绅全书》（小）嘉庆二十二年冬
管河州判	屈邦基	江苏常熟人	监生	《缙绅全书》嘉庆二十五年夏
管河州判	屈邦基	江苏常熟人	监生	《缙绅全书》《中枢备览》道光四年夏
管河州判	屈邦基	江苏常熟人	监生	《缙绅全书》道光四年夏
管河州判	屈邦基	江苏常熟人	监生	《爵秩全览》道光六年秋

职官	人名	籍贯	出身	出处及在职时间
管河州判	屈邦基	江苏常熟人		《缙绅全书》道光七年春

复设训导

职官	人名	籍贯	出身	出处及在职时间
复设训导	乘君硲	铁岭人	岁贡	《缙绅新书》乾隆十三年春
复设训导	陈宗文	肥乡人	岁贡	《缙绅新书》乾隆二十五年冬
复设训导	陈宗文	肥乡人	岁贡	《缙绅全本》乾隆二十六年秋
复设训导	麻　正	望都人	廪贡	《缙绅全书》乾隆三十年春
复设训导	麻　正	望都人	廪贡	《爵秩全本》乾隆三十年冬
复设训导	麻　正	望都人	廪贡	《爵秩全本》乾隆三十三年秋

职官	人名	籍贯	出身	出处及在职时间
复设训导	闫大有	锦县人	岁贡	《缙绅全书》《中枢备览》乾隆四十二年秋
复设训导	王顾綱	怀安人	岁贡	《缙绅全书》《中枢备览》乾隆五十三年春
复设训导	刘宇文	平乡人	岁贡	《缙绅全书》嘉庆元年春
复设训导	刘宇文	平乡人	岁贡	《缙绅全书》嘉庆二年冬
复设训导	王克昺	河间人	举人	《缙绅全书》嘉庆三年秋
复设训导	王克昺	河间人	举人	《缙绅全书》嘉庆三年冬
复设训导	王克昺	河间人	举人	《缙绅全书》嘉庆五年冬
复设训导	王克昺	河间人	举人	《缙绅全书》嘉庆九年春
复设训导	冯冠士	永平人	举人	《缙绅全书》《中枢备览》嘉庆十一年春

职官	人名	籍贯	出身	出处及在职时间
复设训导	冯冠士	永平人	举人	《缙绅全书》嘉庆十一年夏
复设训导	王葵初	江苏清河人	监生	《缙绅全书》嘉庆十一年夏
复设训导	李 英	广昌人	生员	《缙绅全书》嘉庆十七年秋
复设训导	谷怀珍	保定人	举人	《缙绅全书》嘉庆二十一年冬
复设训导	汪炳文	山东菏泽人	举人	《缙绅全书》嘉庆二十一年冬
复设训导	季 英	广昌人	廪贡	《缙绅全书》嘉庆二十二年春
复设训导	谷怀珍	保定人	举人	《缙绅全书》（大）嘉庆二十二年冬 《缙绅全书》（小）
复设训导	谷怀珍	保定人	举人	《缙绅全书》嘉庆二十五年夏
复设训导	谷怀珍	保定人	举人	《缙绅全书》《中枢备览》道光四年夏

职官	人名	籍贯	出身	出处及在职时间
复设训导	谷怀珍	保定人	举人	《缙绅全书》道光四年夏
复设训导	孙桐豫	河间人	举人	《爵秩全览》道光六年秋
复设训导	孙桐豫	河间人	举人	《缙绅全书》道光七年春
复设训导	孙 宽	赵州人	举人	《缙绅全书》道光七年春
复设训导	孙 宽	赵州人	举人	《缙绅全书》《中枢备览》道光十三年夏
复设训导	孙 宽	赵州人	举人	《缙绅全书》《中枢备览》道光十三年夏
复设训导	孙 宽	赵州人	举人	《缙绅全书》道光十四年春
复设训导	孙 宽	赵州人	举人	《缙绅全书》道光十四年夏
复设训导	孙 宽	赵州人	举人	《缙绅全书》道光十六年秋

职官	人名	籍贯	出身	出处及在职时间
复设训导	孙　宽	赵州人	举人	《缙绅全书》《中枢备览》道光十六年冬
复设训导	孙　宽	赵州人	举人	《缙绅全书》道光十七年秋
复设训导	孙　宽	赵州人	举人	《缙绅全书》道光十八年夏
复设训导	孙　宽	赵州人	举人	《缙绅全书》《爵秩全览》道光十九年夏
复设训导	孙　宽	赵州人	举人	《缙绅全书》道光二十年秋
复设训导	孙　宽	赵州人	举人	《缙绅全书》道光二十年冬
复设训导	孙　宽	赵州人	举人	《缙绅全书》《中枢备览》道光二十二年春
复设训导	孙　宽	赵州人	举人	《缙绅全书》道光二十二年冬
复设训导	周元庆	大名人	举人	《缙绅全书》道光二十五年夏

职官	人名	籍贯	出身	出处及在职时间
复设训导	周元庆	大名人	举人	《缙绅全书》道光二十五年秋
复设训导	朱世锟	保定府人	廪贡	《爵秩全览》道光二十六年
复设训导	朱世锟	保定府人	廪贡	《缙绅全书》道光二十七年夏
复设训导	朱世锟	保定府人	廪贡	《缙绅全书》道光二十七年秋
复设训导	朱世锟	保定府人	廪贡	《爵秩全览》道光二十八年夏
复设训导	朱世锟	保定府人	廪贡	《爵秩全览》道光二十八年夏
复设训导	朱世锟	保定府人	廪贡	《爵秩全览》道光二十八年夏
复设训导	朱世锟	保定府人	廪贡	《爵秩全览》咸丰元年夏
复设训导	朱世锟	保定府人	廪贡	《爵秩全览》咸丰二年冬

职官	人名	籍贯	出身	出处及在职时间
复设训导	朱世锟	保定府人	廪贡	《爵秩全览》咸丰三年夏
复设训导	朱世锟	保定府人	廪贡	《缙绅全书》咸丰四年春
复设训导	朱世锟	保定府人	廪贡	《缙绅全书》咸丰四年
复设训导	朱世锟	保定府人	廪贡	《爵秩全览》咸丰六年春
复设训导	朱世锟	保定府人	廪贡	《缙绅全书》咸丰六年春
复设训导	朱世锟	保定府人	廪贡	《爵秩全览》咸丰六年夏
复设训导	朱世锟	保定府人	廪贡	《爵秩全览》咸丰七年秋
复设训导	朱世锟	保定府人	廪贡	《爵秩全览》咸丰七年冬
复设训导	朱世锟	保定府人	廪贡	《缙绅全书》咸丰八年冬

职官	人名	籍贯	出身	出处及在职时间
复设训导	朱世锟	保定府人	廪贡	《缙绅全书》咸丰八年冬
复设训导	朱世锟	保定府人	廪贡	《缙绅全书》咸丰十年秋
复设训导	朱世锟	保定府人	廪贡	《缙绅全书》咸丰十年
复设训导	朱世锟	保定府人	廪贡	《缙绅全书》同治四年夏
复设训导	朱世锟	保定府人	廪贡	《缙绅全书》同治五年春
复设训导	史聊盛	永平府人	岁贡	《民国霸县新志》《爵秩全览》 同治六年春
复设训导	史聊盛	永平府人	岁贡	《民国霸县新志》《缙绅全书》 同治六年春
复设训导	史聊盛	永平府人	岁贡	《民国霸县新志》《缙绅全书》 同治六年秋
复设训导	史聊盛	永平府人	岁贡	《民国霸县新志》《缙绅全书》 同治八年春

职官	人名	籍贯	出身	出处及在职时间
复设训导	史聊盛	永平府人	岁贡	《民国霸县新志》《缙绅全书》同治八年冬
复设训导	史聊盛	永平府人	岁贡	《民国霸县新志》《爵秩全览》同治九年春
复设训导	史聊盛	永平府人	岁贡	《民国霸县新志》《缙绅全书》同治九年夏
复设训导	史聊盛	永平府人	岁贡	《民国霸县新志》《爵秩全览》同治九年秋
复设训导	史聊盛	永平府人	岁贡	《民国霸县新志》《缙绅全书》同治九年冬
复设训导	史聊盛	永平府人	岁贡	《民国霸县新志》《缙绅全书》同治十年春
复设训导	史聊盛	永平府人	岁贡	《民国霸县新志》《缙绅全书》同治十年夏
复设训导	史聊盛	永平府人	岁贡	《民国霸县新志》《缙绅全书》同治十一年夏
复设训导	史聊盛	永平府人	岁贡	《民国霸县新志》《缙绅全书》《中枢备览》同治十一年秋

职官	人名	籍贯	出身	出处及在职时间
复设训导	史聊盛	永平府人	岁贡	《民国霸县新志》《缙绅全书》同治十二年冬
复设训导	史聊盛	永平府人	岁贡	《民国霸县新志》《缙绅全书》同治十三年春
复设训导	史聊盛	永平府人	岁贡	《民国霸县新志》《爵秩全览》同治十三年夏
复设训导	史聊盛	永平府人	岁贡	《民国霸县新志》《缙绅全书》同治十三年秋
复设训导	史聊盛	永平府人	岁贡	《民国霸县新志》《缙绅全书》同治十三年冬
复设训导	史聊盛	永平府人	岁贡	《民国霸县新志》《爵秩全览》同治十三年冬
复设训导	史聊盛	永平府人	岁贡	《民国霸县新志》《缙绅全书》《中枢备览》同治十三年冬
复设训导	史聊盛	永平府人	岁贡	《民国霸县新志》《爵秩全览》光绪元年夏
复设训导	史聊盛	永平府人	岁贡	《民国霸县新志》《爵秩全览》光绪元年秋

职官	人名	籍贯	出身	出处及在职时间
复设训导	史聊盛	永平府人	岁贡	《民国霸县新志》《缙绅全书》光绪二年秋
复设训导	史聊盛	永平府人	岁贡	《民国霸县新志》《爵秩全览》光绪二年冬
复设训导	史聊盛	永平府人	岁贡	《民国霸县新志》《缙绅全书》《中枢备览》光绪三年夏
复设训导	史聊盛	永平府人	岁贡	《民国霸县新志》《缙绅全书》光绪三年秋
复设训导	史聊盛	永平府人	岁贡	《民国霸县新志》《爵秩全览》光绪三年冬
复设训导	史聊盛	永平府人	岁贡	《民国霸县新志》《缙绅全书》《中枢备览》光绪四年秋
复设训导	史聊盛	永平府人	岁贡	《民国霸县新志》《爵秩全览》光绪四年冬
复设训导	史聊盛	永平府人	岁贡	《民国霸县新志》《缙绅全书》光绪五年春
复设训导	史聊盛	永平府人	岁贡	《民国霸县新志》《缙绅全书》光绪五年秋

职官	人名	籍贯	出身	出处及在职时间
复设训导	史聊盛	永平府人	岁贡	《民国霸县新志》《缙绅全书》《中枢备览》光绪五年冬
复设训导	史聊盛	永平府人	岁贡	《民国霸县新志》《缙绅全书》光绪七年春
复设训导	史聊盛	永平府人	岁贡	《民国霸县新志》《爵秩全览》光绪七年冬
复设训导	史聊盛	永平府人	岁贡	《民国霸县新志》《缙绅全书》光绪七年冬
复设训导	史聊盛	永平府人	岁贡	《民国霸县新志》《缙绅全书》光绪八年冬
复设训导	史聊盛	永平府人	岁贡	《民国霸县新志》《爵秩全览》光绪十年夏
复设训导	史聊盛	永平府人	岁贡	《民国霸县新志》《爵秩全览》光绪十年秋
复设训导	史聊盛	永平府人	岁贡	《民国霸县新志》《爵秩全览》光绪十一年春
复设训导	史聊盛	永平府人	岁贡	《民国霸县新志》《爵秩全览》光绪十一年夏

职官	人名	籍贯	出身	出处及在职时间
复设训导	史聊盛	永平府人	岁贡	《民国霸县新志》《爵秩全览》光绪十一年秋
复设训导	史聊盛	永平府人	岁贡	《民国霸县新志》《爵秩全览》光绪十二年夏
复设训导	史聊盛	永平府人	岁贡	《民国霸县新志》《缙绅全书》光绪十二年秋
复设训导	史聊盛	永平府人	岁贡	《民国霸县新志》《爵秩全览》光绪十三年春
复设训导	史聊盛	永平府人	岁贡	《民国霸县新志》《缙绅全书》《中枢备览》光绪十三年夏
复设训导	史聊盛	永平府人	岁贡	《民国霸县新志》《缙绅全书》光绪十三年冬
复设训导	史聊盛	永平府人	岁贡	《民国霸县新志》《缙绅全书》光绪十四年夏
复设训导	孟桂馥	遵化州人	廪贡	《爵秩全览》光绪十四年冬
复设训导	孟桂馥	遵化州人	廪贡	《爵秩全览》光绪十五年夏

职官	人名	籍贯	出身	出处及在职时间
复设训导	孟桂馥	遵化州人	廪贡	《爵秩全览》光绪十五年秋
复设训导	孟桂馥	遵化州人	廪贡	《爵秩全览》光绪十五年冬
复设训导	孔宪堃	河间人	增贡	《缙绅全书》光绪十六年春
复设训导	宋得中	顺德府人	廪贡	《民国霸县新志》《缙绅全书》光绪十六年冬
复设训导	宋得中	顺德府人	廪贡	《民国霸县新志》《爵秩全览》光绪十八年春
复设训导	宋得中	顺德府人	廪贡	《民国霸县新志》《爵秩全览》光绪十八年秋
复设训导	宋得中	顺德府人	廪贡	《民国霸县新志》《爵秩全览》光绪十八年冬
复设训导	宋得中	顺德府人	廪贡	《民国霸县新志》《缙绅全书》光绪十九年春
复设训导	宋得中	顺德府人	廪贡	《民国霸县新志》《爵秩全览》光绪十九年夏

职官	人名	籍贯	出身	出处及在职时间
复设训导	宋得中	顺德府人	廪贡	《民国霸县新志》《爵秩全览》光绪十九年秋
复设训导	宋得中	顺德府人	廪贡	《民国霸县新志》《爵秩全览》光绪十九年秋
复设训导	宋得中	顺德府人	廪贡	《民国霸县新志》《爵秩全览》光绪十九年冬
复设训导	宋得中	顺德府人	廪贡	《民国霸县新志》《爵秩全览》光绪十九年冬
复设训导	宋得中	顺德府人	廪贡	《民国霸县新志》《爵秩全览》光绪二十年秋
复设训导	宋得中	顺德府人	廪贡	《民国霸县新志》《爵秩全览》光绪二十年秋
复设训导	宋得中	顺德府人	廪贡	《民国霸县新志》《爵秩全览》光绪二十一年夏
复设训导	宋得中	顺德府人	廪贡	《民国霸县新志》《爵秩全览》光绪二十一年夏
复设训导	宋得中	顺德府人	廪贡	《民国霸县新志》《缙绅全书》光绪二十一年冬

职官	人名	籍贯	出身	出处及在职时间
复设训导	宋得中	顺德府人	廪贡	《民国霸县新志》《缙绅全书》光绪二十一年冬
复设训导	宋得中	顺德府人	廪贡	《民国霸县新志》《缙绅全书》光绪二十二年春
复设训导	宋得中	顺德府人	廪贡	《民国霸县新志》《缙绅全书》光绪二十二年春
复设训导	宋得中	顺德府人	廪贡	《民国霸县新志》《爵秩全览》光绪二十二年秋
复设训导	宋得中	顺德府人	廪贡	《民国霸县新志》《爵秩全览》光绪二十二年秋
复设训导	宋得中	顺德府人	廪贡	《民国霸县新志》《爵秩全览》光绪二十三年夏
复设训导	宋得中	顺德府人	廪贡	《民国霸县新志》《爵秩全览》光绪二十三年夏
复设训导	宋得中	顺德府人	廪贡	《爵秩全览》光绪二十三年冬
复设训导	宋得中	顺德府人	廪贡	《民国霸县新志》《爵秩全览》光绪二十四年春

职官	人名	籍贯	出身	出处及在职时间
复设训导	宋得中	顺德府人	廪贡	《爵秩全览》光绪二十四年秋
复设训导	宋得中	顺德府人	廪贡	《民国霸县新志》《爵秩全览》光绪二十四年冬
复设训导	宋得中	顺德府人	廪贡	《民国霸县新志》《缙绅全书》光绪二十四年冬
复设训导	宋得中	顺德府人	廪贡	《民国霸县新志》《爵秩全览》光绪二十五年春
复设训导	宋得中	顺德府人	廪贡	《民国霸县新志》《缙绅全书》《中枢备览》光绪二十五年春
复设训导	纪钜维	河间府人	拔贡	《爵秩全览》光绪二十五年夏
复设训导	纪钜维	河间人	拔贡	《缙绅全书》光绪二十五年夏
复设训导	纪钜维	河间人	拔贡	《爵秩全览》光绪二十五年秋
复设训导	纪钜维	河间人	拔贡	《缙绅全书》《中枢备览》光绪二十五年冬

职官	人名	籍贯	出身	出处及在职时间
复设训导	王荣寿	保定人	副贡	《缙绅全书》《中枢备览》光绪二十六年春
复设训导	王荣寿	保定人	副贡	《缙绅全书》光绪二十六年夏
复设训导	王荣寿	保定人	副贡	《爵秩全览》光绪二十六年秋
复设训导	王荣寿	保定人	副贡	《缙绅全书》光绪二十七年春
复设训导	王荣寿	保定人	副贡	《爵秩全览》光绪二十七年冬
复设训导	王荣寿	保定人	副贡	《缙绅全书》《中枢备览》光绪二十七年冬
复设训导	王荣寿	保定人	副贡	《爵秩全览》光绪二十八年春
复设训导	王荣寿	保定人	副贡	《缙绅全书》《中枢备览》光绪二十八年夏《爵秩全览》
复设训导	王荣寿	保定人	副贡	《爵秩全览》光绪二十八年秋

职官	人名	籍贯	出身	出处及在职时间
复设训导	王荣寿	保定人	副贡	《缙绅全书》《中枢备览》光绪二十八年冬
复设训导	王荣寿	保定人	副贡	《爵秩全览》光绪二十九年春《缙绅全书》《中枢备览》
复设训导	王荣寿	保定人	副贡	《缙绅全书》光绪二十九年夏
复设训导	王荣寿	保定人	副贡	《爵秩全览》光绪二十九年秋
复设训导	王荣寿	保定人	副贡	《缙绅全书》《中枢备览》光绪二十九年秋
复设训导	王荣寿	保定人	副贡	《缙绅全书》《中枢备览》光绪二十九年冬
复设训导	王荣寿	保定人	副贡	《缙绅全书》《中枢备览》光绪三十年春
复设训导	王荣寿	保定人	副贡	《爵秩全览》光绪三十年夏

职官	人名	籍贯	出身	出处及在职时间
复设训导	王荣寿	保定人	副贡	《缙绅全书》《中枢备览》光绪三十年夏
复设训导	王荣寿	保定人	副贡	《缙绅全书》光绪三十年冬
复设训导	王荣寿	保定人	副贡	《缙绅全书》《中枢备览》光绪三十一年春
复设训导	王荣寿	保定人	副贡	《爵秩全览》光绪三十一年夏
复设训导	王荣寿	保定人	副贡	《缙绅全书》《中枢备览》光绪三十一年夏
复设训导	王荣寿	保定人	副贡	《爵秩全览》光绪三十一年秋
复设训导	王荣寿	保定人	副贡	《爵秩全览》光绪三十一年冬
复设训导	王荣寿	保定人	副贡	《爵秩全览》光绪三十二年春

职官	人名	籍贯	出身	出处及在职时间
复设训导	王荣寿	保定人	副贡	《缙绅全书》《中枢备览》光绪三十二年春
复设训导	王荣寿	保定人	副贡	《缙绅全书》光绪三十二年夏
复设训导	王荣寿	保定人	副贡	《缙绅全书》光绪三十二年秋
复设训导		保定人	副贡	《缙绅全书》光绪三十二年冬
复设训导		保定人	副贡	《缙绅全书》《中枢备览》光绪三十三年夏

防　尉

职官	人名	籍贯	出身	出处及在职时间
防尉	苏莽阿	保定府驻防	马甲	《民国霸县新志》同治年间

职官	人名	籍贯	出身	出处及在职时间
防尉	庆　祥	霸县人	马甲	《民国霸县新志》光绪年间

防守御

职官	人名	籍贯	出身	出处及在职时间
防守御	连　庆	本旗	马甲	《民国霸县新志》同治年间
防守御	穆腾额	本旗	马甲	《民国霸县新志》同治年间
防守御	文　贵	本旗	马甲	《民国霸县新志》光绪年间
防守御	奎　祥	固安县驻防	马甲	《民国霸县新志》光绪年间
防守御	瑞　林	固安县驻防	马甲	《民国霸县新志》光绪年间
防守御	文　连	本旗	马甲	《民国霸县新志》光绪年间

职官	人名	籍贯	出身	出处及在职时间
防守御	多仁布	固安县驻防	马甲	《民国霸县新志》光绪年间
防守御	庆 祥	霸县人	马甲	《民国霸县新志》光绪年间
防守御	额勒崇额	本旗	马甲	《民国霸县新志》光绪年间
防守御	和 林	本旗	马甲	《民国霸县新志》光绪年间

定河州判

职官	人名	籍贯	出身	出处及在职时间
淀河州同	冯一诚		监生	《缙绅新书》乾隆十三年春
定河州判	冯廷骏	江苏人	监生	《缙绅新书》乾隆二十五年冬
定河州判	冯廷骏	江苏人	监生	《缙绅全本》乾隆二十六年秋

职官	人名	籍贯	出身	出处及在职时间
定河州判	方 典	安徽人	拔贡	《缙绅全书》乾隆三十年春
定河州判	方 典	安徽人	拔贡	《爵秩全本》乾隆三十年冬
淀河州判	曾成勋	湖南人	贡生	《缙绅全书》《中枢备览》乾隆四十二年秋
淀河州判	金闻洽	江苏人	监生	《缙绅全书》《中枢备览》乾隆五十三年春
淀河州判	李培林	山西介休人	监生	《缙绅全书》嘉庆元年春
淀河州判	李培林	山西介休人	监生	《缙绅全书》嘉庆二年冬
淀河州判	李培林	山西介休人	监生	《缙绅全书》嘉庆三年秋
淀河州判	李培林	山西介休人	监生	《缙绅全书》嘉庆三年冬

职官	人名	籍贯	出身	出处及在职时间
淀河州判	赵 纶	浙江钱塘人	副榜	《缙绅全书》嘉庆五年冬
淀河州判	张調元	江苏嘉定人	监生	《缙绅全书》嘉庆九年春
淀河州判	冯人骥	浙江平湖人	监生	《缙绅全书》《中枢备览》嘉庆十一年春
淀河州判	冯人骥	浙江平湖人	监生	《缙绅全书》嘉庆十一年夏
淀河巡检	沈 潮	安微石埭人	议叙	《缙绅全书》嘉庆十七年秋
淀河巡检	归懋修	江苏人	监生	《缙绅全书》嘉庆二十一年冬
淀河巡检	陈佩兰	江苏江宁人	岁贡	《缙绅全书》嘉庆二十二年春
淀河巡检	沈元文	浙江归安人	监生	《缙绅全书》《中枢备览》道光四年夏

职官	人名	籍贯	出身	出处及在职时间
淀河巡检	沈元文	浙江归安人	监生	《缙绅全书》道光四年夏
淀河巡检	崔广仁	河南商丘人	监生	《爵秩全览》道光六年秋
淀河巡检	崔广仁	河南商丘人	监生	《缙绅全书》道光七年春
淀河巡检	李振业	安徽太湖人	监生	《缙绅全书》道光七年春
淀河巡检	傅致泰	湖北江夏人	监生	《缙绅全书》《中枢备览》道光十三年夏
淀河巡检	傅致泰	湖北江夏人	监生	《缙绅全书》《中枢备览》道光十三年夏
淀河巡检	傅致泰	湖北江夏人	监生	《缙绅全书》道光十四年春
淀河巡检	傅致泰	湖北江夏人	监生	《缙绅全书》道光十四年夏

职官	人名	籍贯	出身	出处及在职时间
淀河巡检	屈维域	江苏常熟人	监生	《缙绅全书》道光十六年秋
淀河巡检	屈维域	江苏常熟人	监生	《缙绅全书》《中枢备览》道光十六年冬
淀河巡检	屈维域	江苏常熟人	监生	《缙绅全书》道光十七年秋
淀河巡检			监生	《缙绅全书》道光十八年夏

存城泛

职官	人名	籍贯	出身	出处及在职时间
存城泛	李金標		行伍	《民国霸县新志》光绪年间
存城泛	王恩甲		武举人	《民国霸县新志》光绪年间

职官	人名	籍贯	出身	出处及在职时间
存城泛	宋 铎		行伍	《民国霸县新志》光绪年间
存城泛	刘清发		行伍	《民国霸县新志》宣统年间

城守游击

职官	人名	籍贯	出身	出处及在职时间
城守游击				《爵秩新本》《中枢备览》雍正四年夏

城　守

职官	人名	籍贯	出身	出处及在职时间
城守	口尔清	满洲正黄旗人		《缙绅全书》《中枢备览》道光四年夏

兵备副使

职官	人名	籍贯	出身	出处及在职时间
兵备副使	刘芳久	贵州人	举人	《康熙霸州志》顺治元年
兵备副使	李日芃	旗下籍		《康熙霸州志》顺治三年
兵备副使	张儒秀	辽东广宁人		《康熙霸州志》顺治三年
兵备副使	刘有道	旗下籍		《康熙霸州志》顺治四年
兵备副使	林起凰	旗下籍		《康熙霸州志》顺治五年
兵备副使	于燹龙	辽东铁岭卫人		《康熙霸州志》顺治六年
兵备副使	张 锦	山西人	举人	《康熙霸州志》顺志十年
兵备副使	范 周	江南人	进士	《康熙霸州志》顺治十二年

职官	人名	籍贯	出身	出处及在职时间
兵备副使	赵维翰	江南人	进士	《康熙霸州志》顺治十三年
兵备副使	朱国治	辽东人		《康熙霸州志》顺治十四年
兵备副使	傅梦□	旗下籍		《民国霸县新志》《康熙霸州志》顺治十六年
备注：民国二十年《霸县新志》载其为顺治十五年任。				
兵备副使	安世鼎	辽东人		《民国霸县新志》顺治十七年
兵备副使	许兆麟	辽东人	进士	《民国霸县新志》康熙年间

北岸六工管河州判

职官	人名	籍贯	出身	出处及在职时间
北岸六工管河州判	康诰	江苏清河人	监生	《缙绅全书》嘉庆二十二年春

职官	人名	籍贯	出身	出处及在职时间
北岸六工管河州判	康诰	江苏清河人	监生	《缙绅全书》（大）嘉庆二十二年冬 《缙绅全书》（小）
北岸六工管河州判	汪炳文	山东菏泽人	监生	《缙绅全书》嘉庆二十五年夏
北岸六工管河州判	李祖垚	山西晋城人	廪贡	《缙绅全书》《中枢备览》道光四年夏
北岸六工管河州判	李祖垚	山西晋城人	廪贡	《缙绅全书》道光四年夏
北岸六工管河州判	吕子璜	江苏阳湖人	副榜	《爵秩全览》道光六年秋
北岸六工管河州判	吕子璜	江苏阳湖人	副榜	《缙绅全书》道光七年春
北岸六工管河州判	吕子璜	江苏阳湖人	副榜	《缙绅全书》道光七年春
北岸六工管河州判	吕子璜	江苏阳湖人	副榜	《缙绅全书》《中枢备览》道光十三年夏
北岸六工管河州判	吕子璜	江苏阳湖人	副榜	《缙绅全书》《中枢备览》道光十三年夏

职官	人名	籍贯	出身	出处及在职时间
北岸六工管河州判	吕子璜	江苏阳湖人	副榜	《缙绅全书》道光十四年春
北岸六工管河州判	吕子璜	江苏阳湖人	副榜	《缙绅全书》道光十四年夏
北岸六工管河州判	吕子璜	江苏阳湖人	副榜	《缙绅全书》道光十六年秋
北岸六工管河州判	吕子璜	江苏阳湖人	副榜	《缙绅全书》《中枢备览》道光十六年冬
北岸六工管河州判	吕子璜	江苏阳湖人	副榜	《缙绅全书》道光十七年秋
北岸六工管河州判	吕子璜	江苏阳湖人	副榜	《缙绅全书》道光十八年夏
北岸六工管河州判	吕子璜	江苏阳湖人	副榜	《缙绅全书》《爵秩全览》道光十九年夏
北岸六工管河州判	马晋锡	江苏常熟人	监生	《缙绅全书》道光二十年秋
北岸六工管河州判	马晋锡	江苏常熟人	监生	《缙绅全书》《中枢备览》道光二十二年春

职官	人名	籍贯	出身	出处及在职时间
北岸六工管河州判	严士钧	浙江归安人	监生	《缙绅全书》道光二十二年冬
北岸六工管河州判	唐 润	江苏江都人	举人	《缙绅全书》道光二十五年夏
北岸六工管河州判	唐 润	江苏江都人	举人	《缙绅全书》道光二十五年秋
北岸六工管河州判	唐 润	江苏江都人	举人	《爵秩全览》道光二十六年
北岸六工管河州判	唐 润	江苏江都人	举人	《缙绅全书》道光二十七年夏
北岸六工管河州判	唐 润	江苏江都人	举人	《缙绅全书》道光二十七年秋
北岸六工管河州判	唐 润	江苏江都人	举人	《爵秩全览》道光二十八年夏
北岸六工管河州判	唐 润	江苏江都人	举人	《缙绅全书》道光二十八年冬

职官	人名	籍贯	出身	出处及在职时间
北岸六工管河州判	张维型	山东昌邑人	吏员	《缙绅全书》道光二十九年夏
北岸六工管河州判	张维型	山东昌邑人	吏员	《爵秩全览》咸丰元年夏
北岸六工管河州判	张维型	山东昌邑人	吏员	《爵秩全览》咸丰二年冬
北岸六工管河州判	张维型	山东昌邑人	吏员	《缙绅全书》咸丰三年夏
北岸六工管河州判	唐润	江苏江都人	举人	《缙绅全书》咸丰四年
北岸六工管河州判	张维型	山东昌邑人	吏员	《缙绅全书》咸丰四年春
北岸六工管河州判	黄守坚	浙江平湖人	监生	《爵秩全览》咸丰六年春
北岸六工管河州判	黄守坚	浙江平湖人	监生	《缙绅全书》咸丰六年春

职官	人名	籍贯	出身	出处及在职时间
北岸六工管河州判	包国璟	江苏丹徒人		《爵秩全览》咸丰六年夏
北岸六工管河州判	包国璟	江苏丹徒人		《爵秩全览》咸丰七年秋
北岸六工管河州判	李执中	山东惠民人	拔贡	《缙绅全书》咸丰八年冬
北岸六工管河州判	李执中	山东惠民人	拔贡	《缙绅全书》咸丰九年夏
北岸六工管河州判	李执中	山东惠民人	拔贡	《缙绅全书》咸丰十年秋
北岸六工管河州判	李执中	山东惠民人	拔贡	《缙绅全书》咸丰十年
北岸六工管河州判	金嘉□	安徽桐城人	监生	《缙绅全书》同治四年夏
北岸六工管河州判	宫兆庚	山东蓬莱人	副贡	《缙绅全书》同治五年春

职官	人名	籍贯	出身	出处及在职时间
北岸六工管河州判	宫兆庚	山东蓬莱人	副贡	《爵秩全览》同治六年春
北岸六工管河州判		安徽桐城人	监生	《缙绅全书》同治六年春
北岸六工管河州判	宝　贤	浙江仁和人	附生	《缙绅全书》同治八年春
北岸六工管河州判	白上贤	山西介休人	举人	《缙绅全书》同治八年冬
北岸六工管河州判	白上贤	山西介休人	举人	《爵秩全览》同治九年春
北岸六工管河州判	白上贤	山西介休人	举人	《缙绅全书》同治九年夏
北岸六工管河州判		山西介休人	举人	《缙绅全书》同治九年冬
北岸六工管河州判	王汉清	山东临淄人	监生	《缙绅全书》同治十年春

职官	人名	籍贯	出身	出处及在职时间
北岸六工管河州判	王汉清	山东临淄人	监生	《缙绅全书》同治十年夏
北岸六工管河州判	李傅声	浙江仁和人	供事	《缙绅全书》同治十一年夏
北岸六工管河州判	李傅声	浙江仁和人	供事	《缙绅全书》《中枢备览》同治十一年秋
北岸六工管河州判	李傅声	浙江仁和人	供事	《缙绅全书》同治十二年冬
北岸六工管河州判	李传馨	浙江仁和人	监生	《缙绅全书》同治十三年春
北岸六工管河州判	李传馨	浙江仁和人	监生	《爵秩全览》同治十三年夏
北岸六工管河州判	李传馨	浙江仁和人	监生	《缙绅全书》同治十三年秋
北岸六工管河州判	李传馨	浙江仁和人	监生	《缙绅全书》同治十三年冬
北岸六工管河州判	李传馨	浙江仁和人	监生	《爵秩全览》同治十三年冬

职官	人名	籍贯	出身	出处及在职时间
北岸六工管河州判	李传馨	浙江仁和人	监生	《缙绅全书》《中枢备览》同治十三年冬
北岸六工管河州判	李传馨	浙江仁和人	监生	《爵秩全览》光绪元年夏
北岸六工管河州判	邹　源	浙江钱塘人	监生	《缙绅全书》光绪二年秋
北岸六工管河州判	邹　源	浙江钱塘人	监生	《爵秩全览》光绪二年冬
北岸六工管河州判	邹　源	浙江钱塘人	监生	《缙绅全书》《中枢备览》光绪三年夏
北岸六工管河州判	邹　源	浙江钱塘人	监生	《缙绅全书》光绪三年秋
北岸六工管河州判	邹　源	浙江钱塘人	监生	《爵秩全览》光绪三年冬
北岸六工管河州判	邹　源	浙江钱塘人	监生	《缙绅全书》《中枢备览》光绪四年秋
北岸六工管河州判	邹　源	浙江钱塘人	监生	《爵秩全览》光绪四年冬

职官	人名	籍贯	出身	出处及在职时间
北岸六工管河州判	邹　源	浙江钱塘人	监生	《缙绅全书》光绪五年春
北岸六工管河州判	潘拱辰	奉天宁远人	廪贡	《缙绅全书》光绪五年秋
北岸六工管河州判	潘拱辰	奉天宁远人	廪贡	《缙绅全书》《中枢备览》光绪五年冬
北岸六工管河州判	潘拱辰	奉天宁远人	廪贡	《缙绅全书》光绪七年春
北岸六工管河州判	潘拱辰	奉天宁远人	廪贡	《爵秩全览》光绪七年冬
北岸六工管河州判	潘拱辰	奉天宁远人	廪贡	《缙绅全书》光绪七年冬
北岸六工管河州判	潘拱辰	奉天宁远人	廪贡	《缙绅全书》光绪八年冬
北岸六工管河州判	潘拱辰	奉天宁远人	廪贡	《爵秩全览》光绪十年夏

职官	人名	籍贯	出身	出处及在职时间
北岸六工管河州判	潘拱辰	奉天宁远人	廪贡	《爵秩全览》光绪十年秋
北岸六工管河州判	潘拱辰	奉天宁远人	廪贡	《爵秩全览》光绪十一年春
北岸六工管河州判	潘拱辰	奉天宁远人	廪贡	《爵秩全览》光绪十一年夏
北岸六工管河州判	周蓉第	浙江仁和人	监生	《爵秩全览》光绪十二年夏
北岸六工管河州判	周蓉第	浙江仁和人	监生	《缙绅全书》光绪十二年秋
北岸六工管河州判	周蓉第	浙江仁和人	监生	《爵秩全览》光绪十三年春
北岸六工管河州判	周蓉第	浙江仁和人	监生	《缙绅全书》《中枢备览》光绪十三年夏
北岸六工管河州判	周蓉第	浙江仁和人	监生	《缙绅全书》光绪十三年冬

职官	人名	籍贯	出身	出处及在职时间
北岸六工管河州判	周蓉第	浙江仁和人	监生	《缙绅全书》光绪十四年夏
北岸六工管河州判	周蓉第	浙江仁和人	监生	《爵秩全览》光绪十四年冬
北岸六工管河州判	周蓉第	浙江仁和人	监生	《爵秩全览》光绪十五年夏
北岸六工管河州判	周蓉第	浙江仁和人	监生	《爵秩全览》光绪十五年秋
北岸六工管河州判	唐 照	江苏江都人	监生	《缙绅全书》光绪十六年春
北岸六工管河州判	唐 照	江苏江都人	监生	《缙绅全书》光绪十六年冬
北岸六工管河州判	唐 照	江苏江都人	监生	《爵秩全览》光绪十八年春
北岸六工管河州判	唐 照	江苏江都人	监生	《爵秩全览》光绪十八年秋

职官	人名	籍贯	出身	出处及在职时间
北岸六工管河州判	唐　照	江苏江都人	监生	《爵秩全览》光绪十八年冬
北岸六工管河州判		江苏江都人	监生	《缙绅全书》光绪十九年春
北岸六工管河州判	陈凤翔	江苏江宁人	附贡	《爵秩全览》光绪十九年秋
北岸六工管河州判		江苏江宁人	附贡	《爵秩全览》光绪十九年秋
北岸六工管河州判	陈凤翔	江苏江宁人	附贡	《爵秩全览》光绪十九年冬
北岸六工管河州判	陈麓生	浙江仁和人	监生	《爵秩全览》光绪二十年秋
北岸六工管河州判	陈麓生	浙江仁和人	监生	《爵秩全览》光绪二十一年夏
北岸六工管河州判	陈麓生	浙江仁和人	监生	《爵秩全览》光绪二十一年夏

职官	人名	籍贯	出身	出处及在职时间
北岸六工管河州判	陈麓生	浙江仁和人	监生	《缙绅全书》光绪二十一年冬
北岸六工管河州判	陈麓生	浙江仁和人	监生	《缙绅全书》光绪二十一年冬
北岸六工管河州判	陈麓生	浙江仁和人	监生	《缙绅全书》光绪二十二年春
北岸六工管河州判	陈麓生	浙江仁和人	监生	《缙绅全书》光绪二十二年春
北岸六工管河州判	陈麓生	浙江仁和人	监生	《爵秩全览》光绪二十二年秋
北岸六工管河州判	陈麓生	浙江仁和人	监生	《爵秩全览》光绪二十二年秋
北岸六工管河州判	陈麓生	浙江仁和人	监生	《爵秩全览》光绪二十三年夏
北岸六工管河州判	陈麓生	浙江仁和人	监生	《爵秩全览》光绪二十三年夏
北岸六工管河州判	陈麓生	浙江仁和人	监生	《爵秩全览》光绪二十三年冬

职官	人名	籍贯	出身	出处及在职时间
北岸六工管河州判	陈麓生	浙江仁和人	监生	《爵秩全览》光绪二十四年春
北岸六工管河州判	陈麓生	浙江仁和人	监生	《爵秩全览》光绪二十四年秋
北岸六工管河州判	陈麓生	浙江仁和人	监生	《爵秩全览》光绪二十四年冬
北岸六工管河州判	陈麓生	浙江仁和人	监生	《缙绅全书》光绪二十四年冬
北岸六工管河州判	陈麓生	浙江仁和人	监生	《爵秩全览》光绪二十五年春
北岸六工管河州判	陈麓生	浙江仁和人	监生	《缙绅全书》《中枢备览》光绪二十五年春
北岸六工管河州判	郑其琛	山西文水人	监生	《爵秩全览》光绪二十五年夏
北岸六工管河州判	郑其琛	山西文水人	监生	《缙绅全书》光绪二十五年夏
北岸六工管河州判	郑其琛	山西文水人	监生	《爵秩全览》光绪二十五年秋

职官	人名	籍贯	出身	出处及在职时间
北岸六工管河州判	郑其琛	山西文水人	监生	《缙绅全书》《中枢备览》光绪二十五年冬
北岸六工管河州判	郑其琛	山西文水人	监生	《缙绅全书》《中枢备览》光绪二十六年春
北岸六工管河州判	郑其琛	山西文水人	监生	《缙绅全书》光绪二十六年夏
北岸六工管河州判	郑其琛	山西文水人	监生	《爵秩全览》光绪二十六年秋
北岸六工管河州判	郑其琛	山西文水人	监生	《缙绅全书》光绪二十七年春
北岸六工管河州判	郑其琛	山西文水人	监生	《爵秩全览》光绪二十七年冬
北岸六工管河州判	郑其琛	山西文水人	监生	《缙绅全书》《中枢备览》光绪二十七年冬
北岸六工管河州判	郑其琛	山西文水人	监生	《爵秩全览》光绪二十八年春

职官	人名	籍贯	出身	出处及在职时间
北岸六工管河州判	郑其琛	山西文水人	监生	《缙绅全书》《中枢备览》光绪二十八年夏 《爵秩全览》
北岸六工管河州判	郑其琛	山西文水人	监生	《爵秩全览》光绪二十八年秋
北岸六工管河州判	郑其琛	山西文水人	监生	《缙绅全书》《中枢备览》光绪二十八年冬
北岸六工管河州判	郑其琛	山西文水人	监生	《爵秩全览》光绪二十九年春 《缙绅全书》《中枢备览》
北岸六工管河州判	郑其琛	山西文水人	监生	《缙绅全书》光绪二十九年夏
北岸六工管河州判	郑其琛	山西文水人	监生	《爵秩全览》光绪二十九年秋
北岸六工管河州判	郑其琛	山西文水人	监生	《缙绅全书》《中枢备览》光绪二十九年秋
北岸六工管河州判	郑其琛	山西文水人	监生	《缙绅全书》《中枢备览》光绪二十九年冬

职官	人名	籍贯	出身	出处及在职时间
北岸六工管河州判	郑其琛	山西文水人	监生	《缙绅全书》《中枢备览》光绪三十年春
北岸六工管河州判	郑其琛	山西文水人	监生	《爵秩全览》光绪三十年夏
北岸六工管河州判	郑其琛	山西文水人	监生	《缙绅全书》《中枢备览》光绪三十年夏
北岸六工管河州判	郑其琛	山西文水人	监生	《缙绅全书》光绪三十年冬
北岸六工管河州判	郑其琛	山西文水人	监生	《缙绅全书》《中枢备览》光绪三十一年春
北岸六工管河州判	郑其琛	山西文水人	监生	《爵秩全览》光绪三十一年夏
北岸六工管河州判	郑其琛	山西文水人	监生	《缙绅全书》《中枢备览》光绪三十一年夏
北岸六工管河州判	郑其琛	山西文水人	监生	《爵秩全览》光绪三十一年秋

职官	人名	籍贯	出身	出处及在职时间
北岸六工管河州判	郑其琛	山西文水人	监生	《爵秩全览》光绪三十一年冬
北岸六工管河州判	郑其琛	山西文水人	监生	《爵秩全览》光绪三十二年春
北岸六工管河州判	郑其琛	山西文水人	监生	《缙绅全书》《中枢备览》光绪三十二年春
北岸六工管河州判	郑其琛	山西文水人	监生	《缙绅全书》光绪三十二年夏
北岸六工管河州判	郑其琛	山西文水人	监生	《缙绅全书》光绪三十二年秋
北岸六工管河州判	郑其琛	山西文水人	监生	《缙绅全书》光绪三十二年冬
北岸六工管河州判	郑其琛	山西文水人	监生	《爵秩全览》光绪三十二年冬
北岸六工管河州判	郑其琛	山西文水人	监生	《爵秩全览》光绪三十三年春

职官	人名	籍贯	出身	出处及在职时间
北岸六工管河州判	郑其琛	山西文水人	监生	《缙绅全书》《中枢备览》光绪三十三年夏
北岸六工管河州判	郑其琛	山西文水人	监生	《缙绅全书》《中枢备览》光绪三十三年夏
北岸六工管河州判	郑其琛	山西文水人	监生	《爵秩全览》光绪三十三年冬
北岸六工管河州判	郑其琛	山西文水人		最新百官禄光绪三十四年春
北岸六工管河州判	李兆年	湖南长沙人		《爵秩全览》光绪三十四年秋
北岸六工管河州判	李兆年	湖南长沙人		《爵秩全览》宣统元年春
北岸六工管河州判	李兆年	湖南长沙人		《爵秩全览》宣统元年春
北岸六工管河州判	李兆年	湖南长沙人		《爵秩全览》宣统元年秋

职官	人名	籍贯	出身	出处及在职时间
北岸六工管河州判	李兆年	湖南长沙人		《爵秩全览》宣统元年秋
北岸六工管河州判	李兆年	湖南长沙人	监生	《缙绅全书》宣统元年冬
北岸六工管河州判	李兆年	湖南长沙人	监生	《爵秩全览》宣统二年春
北岸六工管河州判	胡元熙	浙江人	监生	《爵秩全览》宣统二年秋
北岸六工管河州判	胡元熙	浙江人	监生	《爵秩全览》宣统二年冬
北岸六工管河州判	胡元熙	浙江人	监生	《爵秩全览》宣统三年春
北岸六工管河州判	胡元熙	浙江人	监生	《爵秩全览》宣统三年夏
北岸六工管河州判	胡元熙	浙江人	监生	《爵秩全览》宣统三年秋

职官	人名	籍贯	出身	出处及在职时间
北岸六工管河州判	胡元熙	浙江人	监生	《职官录》宣统三年冬
北岸六工管河州判	胡元熙	浙江人	监生	《职官录》宣统四年春

北岸管河巡检

职官	人名	籍贯	出身	出处及在职时间
北岸管河巡检	王蓉初	江苏清河人	监生	《缙绅全书》嘉庆九年春
北岸管河巡检	王蓉初	江苏清河人	监生	《缙绅全书》《中枢备览》嘉庆十一年春
北岸管河巡检	王蓉初	江苏清河人	监生	《缙绅全书》嘉庆十一年夏
北岸管河巡检		浙江钱塘人	监生	《缙绅全书》嘉庆十七年秋

霸州营守备

职官	人名	籍贯	出身	出处及在职时间
霸州营守备	刘长发	安徽潜山县人	军功	《缙绅全书》《中枢备览》光绪二十七年冬
霸州营守备	刘长发	安徽潜山县人	军功	《缙绅全书》《中枢备览》光绪二十八年夏《爵秩全览》
霸州营守备	宋邦凤	山东平原县人	军功	《缙绅全书》《中枢备览》光绪二十八年秋
霸州营守备	宋邦凤	山东平原县人	军功	《缙绅全书》《中枢备览》光绪二十八年冬
霸州营守备	刘长发	安徽潜山县人	军功	《缙绅全书》《中枢备览》光绪二十九年春
霸州营守备	刘长发	安徽潜山县人	军功	《缙绅全书》《中枢备览》光绪二十九年秋
霸州营守备	刘长发	安徽潜山县人	军功	《缙绅全书》《中枢备览》光绪二十九年冬

职官	人名	籍贯	出身	出处及在职时间
霸州营守备	刘长发	安徽潜山县人	军功	《缙绅全书》《中枢备览》光绪三十年春
霸州营守备	刘长发	安徽潜山县人	军功	《缙绅全书》《中枢备览》光绪三十年夏

霸永巡检驻信安镇

职官	人名	籍贯	出身	出处及在职时间
霸永巡检驻信安镇	王士珍	湖北郧西人	监生	《缙绅全书》道光二十年秋
霸永巡检驻信安镇	史恩焘	陕西华州人	监生	《缙绅全书》道光二十五年夏
霸永巡检驻信安镇	史恩焘	陕西华州人	监生	《民国霸县新志》《缙绅全书》道光二十五年秋
霸永巡检驻信安镇	史恩焘	陕西华州人	监生	《民国霸县新志》《缙绅全书》道光二十七年夏

职官	人名	籍贯	出身	出处及在职时间
霸永巡检驻信安镇		陕西华州人	监生	《缙绅全书》道光二十七年秋
霸永巡检驻信安镇	吴文焕	安徽休宁人	监生	《爵秩全览》道光二十八年夏
霸永巡检驻信安镇	吴文焕	安徽休宁人	监生	《爵秩全览》道光二十八年夏
霸永巡检驻信安镇	余居义	江苏上元人	监生	《爵秩全览》咸丰元年夏
霸永巡检驻信安镇	史恩焘	陕西华州人	监生	《缙绅全书》咸丰四年春
霸永巡检驻信安镇	余居义	江苏上元人	监生	《缙绅全书》咸丰四年春
霸永巡检驻信安镇	余居义	江苏上元人	监生	《爵秩全览》咸丰六年春
霸永巡检驻信安镇	余居义	江苏上元人	监生	《缙绅全书》咸丰八年冬

职官	人名	籍贯	出身	出处及在职时间
霸永巡检驻信安镇	余居义	江苏上元人	监生	《缙绅全书》咸丰八年冬
霸永巡检驻信安镇		江苏上元人	监生	《缙绅全书》咸丰十年秋
霸永巡检驻信安镇		江苏上元人	监生	《缙绅全书》咸丰十年秋
霸永巡检驻信安镇	刘凝钧	山东昌邑人	吏员	《缙绅全书》同治四年夏
霸永巡检驻信安镇	刘凝钧	山东昌邑人	吏员	《缙绅全书》同治五年春
霸永巡检驻信安镇	刘凝钧	山东昌邑人	吏员	《缙绅全书》同治六年春
霸永巡检驻信安镇	刘凝钧	山东昌邑人	吏员	《缙绅全书》同治六年秋
霸永巡检驻信安镇	刘凝钧	山东昌邑人	吏员	《缙绅全书》同治八年春
霸永巡检驻信安镇	刘凝钧	山东昌邑人	吏员	《缙绅全书》同治八年冬

职官	人名	籍贯	出身	出处及在职时间
霸永巡检驻信安镇	刘凝钧	山东昌邑人	吏员	《缙绅全书》同治九年夏
霸永巡检驻信安镇	刘凝钧	山东昌邑人	吏员	《爵秩全览》同治九年秋
霸永巡检驻信安镇	刘凝钧	山东昌邑人	吏员	《缙绅全书》同治九年冬
霸永巡检驻信安镇	刘凝钧	山东昌邑人	吏员	《缙绅全书》同治十年春
霸永巡检驻信安镇	刘凝钧	山东昌邑人	吏员	《缙绅全书》同治十年夏
霸永巡检驻信安镇	刘凝钧	山东昌邑人	吏员	《缙绅全书》同治十一年夏
霸永巡检驻信安镇	张大受	奉天新民人	监生	《缙绅全书》《中枢备览》同治十一年秋
霸永巡检驻信安镇	张大受	奉天新民人	监生	《缙绅全书》同治十二年冬
霸永巡检驻信安镇	张大受	奉天新民人	监生	《缙绅全书》光绪十二年秋

职官	人名	籍贯	出身	出处及在职时间
霸永巡检驻信安镇	张大受	奉天新民人	监生	《缙绅全书》《中枢备览》光绪十三年夏
霸永巡检驻信安镇	张大受	奉天新民人	监生	《缙绅全书》光绪十三年冬
霸永巡检驻信安镇	张大受	奉天新民人	监生	《缙绅全书》光绪十四年夏
霸永巡检驻信安镇	顾懋楷	浙江山阴人	监生	《爵秩全览》光绪十五年冬
霸永巡检驻信安镇	顾懋楷	浙江山阴人	监生	《缙绅全书》光绪十六年春
霸永巡检驻信安镇	顾懋楷	浙江山阴人	监生	《缙绅全书》光绪十六年冬
霸永巡检驻信安镇	顾懋楷	浙江山阴人	监生	《爵秩全览》光绪十八年春
霸永巡检驻信安镇	顾懋楷	浙江山阴人	监生	《爵秩全览》光绪十八年秋
霸永巡检驻信安镇	顾懋楷	浙江山阴人	监生	《爵秩全览》光绪十八年冬

职官	人名	籍贯	出身	出处及在职时间
霸永巡检驻信安镇	顾懋楷	浙江山阴人	监生	《缙绅全书》光绪十九年春
霸永巡检驻信安镇	顾懋楷	浙江山阴人	监生	《爵秩全览》光绪十九年夏
霸永巡检驻信安镇	顾懋楷	浙江山阴人	监生	《爵秩全览》光绪十九年秋
霸永巡检驻信安镇	顾懋楷	浙江山阴人	监生	《爵秩全览》光绪十九年冬
霸永巡检驻信安镇	顾懋楷	浙江山阴人	监生	《缙绅全书》光绪二十一年冬
霸永巡检驻信安镇	顾懋楷	浙江山阴人	监生	《缙绅全书》光绪二十二年春
霸永巡检驻信安镇	顾懋楷	浙江山阴人	监生	《爵秩全览》光绪二十三年夏
霸永巡检驻信安镇	顾懋楷	浙江山阴人	监生	《缙绅全书》光绪二十四年冬
霸永巡检驻信安镇	顾懋楷	浙江山阴人	监生	《缙绅全书》《中枢备览》光绪二十五年春

职官	人名	籍贯	出身	出处及在职时间
霸永巡检驻信安镇	顾懋楷	浙江山阴人	监生	《缙绅全书》光绪二十五年夏
霸永巡检驻信安镇	顾懋楷	浙江山阴人	监生	《爵秩全览》光绪二十五年秋
霸永巡检驻信安镇	顾懋楷	浙江山阴人	监生	《缙绅全书》《中枢备览》光绪二十五年冬
霸永巡检驻信安镇	顾懋楷	浙江山阴人	监生	《缙绅全书》《中枢备览》光绪二十六年春
霸永巡检驻信安镇	顾懋楷	浙江山阴人	监生	《缙绅全书》光绪二十六年夏
霸永巡检驻信安镇	顾懋楷	浙江山阴人	监生	《爵秩全览》光绪二十六年秋
霸永巡检驻信安镇	顾懋楷	浙江山阴人	监生	《缙绅全书》光绪二十七年春
霸永巡检驻信安镇	顾懋楷	浙江山阴人	监生	《爵秩全览》光绪二十七年冬

职官	人名	籍贯	出身	出处及在职时间
霸永巡检驻信安镇	钟 岳	满洲正蓝旗人	监生	《缙绅全书》《中枢备览》光绪三十一年春
霸永巡检驻信安镇	钟 岳	满洲正蓝旗人	监生	《爵秩全览》光绪三十一年夏
霸永巡检驻信安镇	钟 岳	满洲正蓝旗人	监生	《缙绅全书》《中枢备览》光绪三十一年夏
霸永巡检驻信安镇	钟 岳	满洲正蓝旗人	监生	《缙绅全书》《中枢备览》光绪三十二年春
霸永巡检驻信安镇	钟 岳	满洲正蓝旗人	监生	《缙绅全书》光绪三十二年夏
霸永巡检驻信安镇	钟 岳	满洲正蓝旗人	监生	《缙绅全书》光绪三十二年秋
霸永巡检驻信安镇	钟 岳	满洲正蓝旗人	监生	《缙绅全书》光绪三十二年冬
霸永巡检驻信安镇	钟 岳	满洲正蓝旗人	监生	《缙绅全书》《中枢备览》光绪三十三年夏

职官	人名	籍贯	出身	出处及在职时间
霸永巡检驻信安镇	钟　岳	满洲正蓝旗人		《最新百官绿》光绪三十四年春
霸永巡检驻信安镇	钟　岳	满洲正蓝旗人	监生	《缙绅全书》宣统元年冬

霸永巡检

职官	人名	籍贯	出身	出处及在职时间
霸永巡检	王士珍	湖北郧西人	监生	《缙绅全书》《爵秩全览》道光十九年夏
霸永巡检	史恩焘	陕西华州人	监生	《民国霸县新志》《爵秩全览》道光二十六年
霸永巡检	吴文焕	安徽休宁人	监生	《爵秩全览》道光二十八年夏
霸永巡检	吴文焕	安徽休宁人	监生	《爵秩全览》咸丰元年夏

职官	人名	籍贯	出身	出处及在职时间
霸永巡检	余居义	江苏上元人	监生	《爵秩全览》咸丰元年夏
霸永巡检	余居义	江苏上元人	监生	《爵秩全览》咸丰六年春
霸永巡检	余居义	江苏上元人	监生	《爵秩全览》咸丰六年夏
霸永巡检	余居义	江苏上元人	监生	《爵秩全览》咸丰六年夏
霸永巡检	余居义	江苏上元人	监生	《爵秩全览》咸丰六年夏
霸永巡检	刘凝钧	山东昌邑人	吏员	《爵秩全览》同治六年春
霸永巡检	刘凝钧	山东昌邑人	吏员	《爵秩全览》同治九年春
霸永巡检	张大受	广东新安人	监生	《缙绅全书》同治十三年春
霸永巡检	张大受	广东新安人	监生	《爵秩全览》同治十三年夏

职官	人名	籍贯	出身	出处及在职时间
霸永巡检	张大受	广东新安人	监生	《缙绅全书》同治十三年秋
霸永巡检	张大受	广东新安人	监生	《缙绅全书》同治十三年冬
霸永巡检	张大受	广东新安人	监生	《爵秩全览》同治十三年冬
霸永巡检	张大受	广东新安人	监生	《缙绅全书》《中枢备览》同治十三年冬
霸永巡检	张大受	广东新安人	监生	《爵秩全览》光绪元年夏
霸永巡检	张大受	广东新安人	监生	《爵秩全览》光绪元年秋
霸永巡检	张大受	广东新安人	监生	《缙绅全书》光绪二年秋
霸永巡检	张大受	广东新安人	监生	《爵秩全览》光绪二年冬
霸永巡检	张大受	广东新安人	监生	《缙绅全书》《中枢备览》光绪三年夏

职官	人名	籍贯	出身	出处及在职时间
霸永巡检	张大受	广东新安人	监生	《缙绅全书》光绪三年秋
霸永巡检	张大受	广东新安人	监生	《爵秩全览》光绪三年冬
霸永巡检	张大受	广东新安人	监生	《缙绅全书》《中枢备览》光绪四年秋
霸永巡检	张大受	广东新安人	监生	《爵秩全览》光绪四年冬
霸永巡检	张大受	广东新安人	监生	《缙绅全书》光绪五年春
霸永巡检	张大受	广东新安人	监生	《缙绅全书》光绪五年秋
霸永巡检	张大受	广东新安人	监生	《缙绅全书》《中枢备览》光绪五年冬
霸永巡检	张大受	广东新安人	监生	《缙绅全书》光绪七年春
霸永巡检	张大受	广东新安人	监生	《爵秩全览》光绪七年冬

职官	人名	籍贯	出身	出处及在职时间
霸永巡检	张大受	广东新安人	监生	《缙绅全书》光绪七年冬
霸永巡检	张大受	广东新安人	监生	《缙绅全书》光绪八年冬
霸永巡检	张大受	广东新安人	监生	《爵秩全览》光绪十年夏
霸永巡检	张大受	广东新安人	监生	《爵秩全览》光绪十年秋
霸永巡检	张大受	广东新安人	监生	《爵秩全览》光绪十一年春
霸永巡检	张大受	广东新安人	监生	《爵秩全览》光绪十一年夏
霸永巡检	张大受	广东新安人	监生	《爵秩全览》光绪十一年秋
霸永巡检	张大受	广东新安人	监生	《爵秩全览》光绪十二年夏
霸永巡检	张大受	广东新安人	监生	《爵秩全览》光绪十三年春

职官	人名	籍贯	出身	出处及在职时间
霸永巡检	张大受	广东新安人	监生	《爵秩全览》光绪十四年冬
霸永巡检	顾懋楷	浙江山阴县人	监生	《爵秩全览》光绪十五年夏
霸永巡检	顾懋楷	浙江山阴县人	监生	《爵秩全览》光绪十五年秋
霸永巡检	顾懋楷	浙江山阴人	监生	《爵秩全览》光绪十九年秋
霸永巡检	顾懋楷	浙江山阴人	监生	《爵秩全览》光绪十九年冬
霸永巡检	顾懋楷	浙江山阴人	监生	《爵秩全览》光绪二十年秋
霸永巡检	顾懋楷	浙江山阴人	监生	《爵秩全览》光绪二十年秋
霸永巡检	顾懋楷	浙江山阴人	监生	《爵秩全览》光绪二十一年夏
霸永巡检	顾懋楷	浙江山阴人	监生	《民国霸县新志》《爵秩全览》光绪二十一年夏

职官	人名	籍贯	出身	出处及在职时间
霸永巡检	顾懋楷	浙江山阴人	监生	《缙绅全书》光绪二十一年冬
霸永巡检	顾懋楷	浙江山阴人	监生	《缙绅全书》光绪二十二年春
霸永巡检	顾懋楷	浙江山阴人	监生	《民国霸县新志》《爵秩全览》光绪二十二年秋
霸永巡检	顾懋楷	浙江山阴人	监生	《民国霸县新志》《爵秩全览》光绪二十二年秋
霸永巡检	顾懋楷	浙江山阴人	监生	《民国霸县新志》《爵秩全览》光绪二十三年夏
霸永巡检	顾懋楷	浙江山阴人	监生	《民国霸县新志》《爵秩全览》光绪二十三年冬
霸永巡检	顾懋楷	浙江山阴人	监生	《民国霸县新志》《爵秩全览》光绪二十四年春
霸永巡检	顾懋楷	浙江山阴人	监生	《民国霸县新志》《爵秩全览》光绪二十四年秋
霸永巡检	顾懋楷	浙江山阴人	监生	《民国霸县新志》《爵秩全览》光绪二十四年冬

职官	人名	籍贯	出身	出处及在职时间
霸永巡检	顾懋楷	浙江山阴人	监生	《民国霸县新志》《爵秩全览》光绪二十五年春
霸永巡检	顾懋楷	浙江山阴人	监生	《爵秩全览》光绪二十五年夏
霸永巡检	顾懋楷	浙江山阴人	监生	《缙绅全书》《中枢备览》光绪二十七年冬
霸永巡检	顾懋楷	浙江山阴人	监生	《爵秩全览》光绪二十八年春
霸永巡检	顾懋楷	浙江山阴人	监生	《缙绅全书》《中枢备览》光绪二十八年夏《爵秩全览》
霸永巡检	顾懋楷	浙江山阴人	监生	《爵秩全览》光绪二十八年秋
霸永巡检	顾懋楷	浙江山阴人	监生	《缙绅全书》《中枢备览》光绪二十八年冬
霸永巡检		浙江山阴人	监生	《爵秩全览》光绪二十九年春《缙绅全书》《中枢备览》
霸永巡检驻信安镇	钟　岳	满洲正蓝旗人	监生	《缙绅全书》光绪二十九年夏

职官	人名	籍贯	出身	出处及在职时间
霸永巡检	钟　岳	满洲正蓝旗人	监生	《民国霸县新志》《爵秩全览》光绪二十九年秋
霸永巡检	钟　岳	满洲正蓝旗人	监生	《民国霸县新志》《缙绅全书》《中枢备览》光绪二十九年秋
霸永巡检	钟　岳	满洲正蓝旗人	监生	《缙绅全书》《中枢备览》光绪二十九年冬
霸永巡检	钟　岳	满洲正蓝旗人	监生	《缙绅全书》《中枢备览》光绪三十年春
霸永巡检	钟　岳	满洲正蓝旗人	监生	《爵秩全览》光绪三十年夏
霸永巡检	钟　岳	满洲正蓝旗人	监生	《缙绅全书》《中枢备览》光绪三十年夏
霸永巡检	钟　岳	满洲正蓝旗人	监生	《缙绅全书》光绪三十年冬
霸永巡检	钟　岳	满洲正蓝旗人	监生	《爵秩全览》光绪三十一年秋
霸永巡检	钟　岳	满洲正蓝旗人	监生	《民国霸县新志》《爵秩全览》光绪三十一年冬

职官	人名	籍贯	出身	出处及在职时间
霸永巡检	钟 岳	满洲正蓝旗人	监生	《爵秩全览》光绪三十二年春
霸永巡检	钟 岳	满洲正蓝旗人	监生	《爵秩全览》光绪三十二年冬
霸永巡检	钟 岳	满洲正蓝旗人	监生	《爵秩全览》光绪三十三年春
霸永巡检	钟 岳	满洲正蓝旗人	监生	《缙绅全书》《中枢备览》光绪三十三年夏
霸永巡检	钟 岳	满洲正蓝旗人	监生	《爵秩全览》光绪三十三年冬
霸永巡检	钟 岳	满洲正蓝旗人	监生	《民国霸县新志》《爵秩全览》光绪三十三年冬
霸永巡检	钟 岳	满洲正蓝旗人	监生	《最新百官绿》光绪三十四年春
霸永巡检	钟 岳	满洲正蓝旗人	监生	《爵秩全览》光绪三十四年秋
霸永巡检	钟 岳	满洲正蓝旗人	监生	《爵秩全览》光绪三十四年秋

职官	人名	籍贯	出身	出处及在职时间
霸永巡检	钟 岳	满洲正蓝旗人	监生	《爵秩全览》宣统元年春
霸永巡检	钟 岳	满洲正蓝旗人	监生	《爵秩全览》宣统元年春
霸永巡检	钟 岳	满洲正蓝旗人	监生	《爵秩全览》宣统元年秋
霸永巡检	钟 岳	满洲正蓝旗人	监生	《爵秩全览》宣统元年秋
霸永巡检	钟 岳	满洲正蓝旗人	监生	《爵秩全览》宣统二年春
霸永巡检	钟 岳	满洲正蓝旗人	监生	《爵秩全览》宣统二年夏
霸永巡检	钟 岳	满洲正蓝旗人	监生	《爵秩全览》宣统二年秋
霸永巡检	钟 岳	满洲正蓝旗人	监生	《爵秩全览》宣统二年冬
霸永巡检	钟 岳	满洲正蓝旗人	监生	《爵秩全览》宣统三年春

职官	人名	籍贯	出身	出处及在职时间
霸永巡检	钟 岳	满洲正蓝旗人	监生	《爵秩全览》宣统三年夏
霸永巡检	钟 岳	满洲正蓝旗人	监生	《爵秩全览》宣统三年秋
霸永巡检	钟 岳	满洲正蓝旗人	监生	《职官录》宣统三年冬
霸永巡检	钟 岳	满洲正蓝旗人	监生	《职官录》宣统四年春

霸□巡检驻信安镇

职官	人名	籍贯	出身	出处及在职时间
霸□巡检驻信安镇	史恩焘	陕西华州人	监生	《民国霸县新志》《缙绅全书》《中枢备览》道光二十二年春
霸□巡检驻信安镇	史恩焘	陕西华州人	监生	《民国霸县新志》《缙绅全书》道光二十二年冬

把　总

职官	人名	籍贯	出身	出处及在职时间
把总	韩用暄	直隶人	行伍	《爵秩新本》《中枢备览》雍正四年夏
把总	刘维勇	直隶人	行伍	《爵秩新本》《中枢备览》雍正四年夏
把总	马长清	直隶人	行伍	《缙绅全书》《中枢备览》道光四年夏